Weiterbildungsmanagement in der Praxis: Bildungsangebote entwickeln

Urs Blum · Jürg Gabathuler · Sandra Bajus
Hrsg.

Weiterbildungs-management in der Praxis: Bildungsan-gebote entwickeln

Hrsg.
Urs Blum
Zürich, Schweiz

Jürg Gabathuler
Zürich, Schweiz

Sandra Bajus
Zürich, Schweiz

ISBN 978-3-662-71792-9   ISBN 978-3-662-71793-6   (eBook)
https://doi.org/10.1007/978-3-662-71793-6

Die Deutsche Nationalbibliothek verzeichnet diese Publikation in der Deutschen Nationalbibliografie; detaillierte bibliografische Daten sind im Internet über https://portal.dnb.de abrufbar.

© Springer-Verlag GmbH Deutschland, ein Teil von Springer Nature 2025

Dieses Buch ist Teil einer thematisch verbundenen Reihe von drei Bänden. Die Titel *Weiterbildungsmanagement in der Praxis: Psychologie des Lernens* und *Weiterbildungsmanagement in der Praxis: Strategische Personalentwicklung* ergänzen die Inhalte dieses Bandes.

Planung/Lektorat: Marion Krämer
Springer ist ein Imprint der eingetragenen Gesellschaft Springer-Verlag GmbH, DE und ist ein Teil von Springer Nature.
Die Anschrift der Gesellschaft ist: Heidelberger Platz 3, 14197 Berlin, Germany

Wenn Sie dieses Produkt entsorgen, geben Sie das Papier bitte zum Recycling.

Vorwort

Im Vorwort zum 1. Band unserer 2021 erschienenen Buchreihe „Weiterbildungs-management in der Praxis" haben wir festgehalten, dass sich die Aus- und Weiter-bildungsbranche analog zur gesamten Arbeitswelt in Zeiten des Umbruchs befinde (Blum et al., 2021). Was damals aktuell war, ist heute aktueller denn je. Lernen ist Ausgangspunkt und Ergebnis von Veränderung. Somit entwickelt sich Lernen per se gleichsam mit der Welt, in der Lernen stattfindet. Auch wenn wir heute noch nicht abschließend einschätzen können, welche Auswirkungen beispielsweise die Indivi-dualisierung und Flexibilisierung des lebenslangen Lernens oder die Rolle generati-ver Künstlicher Intelligenz auf den Arbeits- und Lernprozess haben werden, so sind wir überzeugt, dass eine umsichtige Planung, didaktische Kompetenzen und eine an-wendungsorientierte Haltung die Basis für wirkungsvolle Lernprozesse darstellen. Die Reihe „Weiterbildungsmanagement in der Praxis" hat zum Ziel, den Akteuren der Aus- und Weiterbildung Kompetenzen zu vermitteln, um diese Haltung in ihrem Anwendungsfeld umzusetzen.

Die Buchreihe steht in der 40-jährigen Geschichte der Weiterbildung von Fach-leuten aus der beruflichen Bildung am Institut für Angewandte Psychologie (IAP) der Zürcher Hochschule für Angewandte Wissenschaften (ZHAW). Aufbauend auf dem 2010 erschienenen Buch „Angewandte Psychologie für die Personalent-wicklung" umfasst die Reihe drei Bände, die sich an Anwenderinnen und Anwender richten. Der Fokus liegt dabei sowohl auf dem Vermitteln von Fachwissen als auch auf dem Transfer in das persönliche Anwendungsfeld. Neben Theorie und Empirie umfassen die einzelnen Kapitel Beispiele, Leitfragen, Checklisten und Anwendungs-möglichkeiten. Bereits erschienen ist 2021 der 1. Band mit dem Titel „Psychologie des Lernens".

Im vorliegenden 2. Band „Bildungsangebote entwickeln" steht die Planung, Ge-staltung und Auswertung von Lernprozessen im Zentrum. Als Basis dazu dient das im Kap. 1 beschriebene Planungsmodell, das von der Analyse über die didaktischen Entscheidungen bis zur Auswertung als handlungsleitende Struktur in der Ge-staltung von Bildungsangeboten dient. Im Kap. 2 geht es um Lernkultur und agile Lernprozesse als Strategie im Umgang mit den Herausforderungen der neuen Arbeitswelt. Die Analyse des Bedarfs und der Zielgruppe sowie deren Auswirkung auf den Lernprozess werden im Kap. 3 beschrieben. Die methodische Gestaltung di-gitaler Bildungsräume wird am Beispiel der E-Learning-Matrix im Kap. 4 aufgezeigt. Im Kap. 5 geht es um Gamebased Learning und die psychologischen Aspekte von spielerischen Methoden im Lernprozess. Das 6. Kapitel schließlich beschreibt Erfolgsfaktoren des Lerntransfers und damit der Wirkung von Bildungsangeboten sowie deren Evaluation.

Unser Dank gilt zuallererst den Autorinnen und Autoren, die mit ihrem Engage-ment und ihrer Expertise dieses Buch erst möglich gemacht haben. Dank gebührt auch unseren Kundinnen und Kunden in der Weiterbildung und in der Beratung. Ihre Fragestellungen, Erfahrungen und Ideen aus der Praxis tragen wesentlich zu unserem kontinuierlichen Lernen bei. Zudem möchten wir uns beim IAP der ZHAW, speziell bei Prof. Dr. Christoph Negri, für die fachliche Unterstützung be-danken. Weiterer Dank gilt Frau Marion M. Krämer vom Springer-Verlag für die

Betreuung der Publikation. Und schließlich möchten wir uns bei Nick Sherman Meile für die tatkräftige Unterstützung in der Finalisierung und Einreichung des Buches bedanken.

Urs Blum
Zürich, Schweiz

Jürg Gabathuler
Zürich, Schweiz

Sandra Bajus
Zürich, Schweiz
Juni 2025

Dank

Die Autoren danken PD Dr. Ulrike Hanke für ihr wertvolles Feedback und ihre konstruktiven Hinweise zu einer früheren Version dieses Buchkapitels.

Inhaltsverzeichnis

Autorenverzeichnis

Sandra Bajus

ist Dozentin und Beraterin für betriebliche Bildung am Institut für Angewandte Psychologie (IAP) der Zürcher Hochschule für Angewandte Wissenschaften. Zuvor war sie als Personal- und Organisationsentwicklerin an einer Hochschule tätig, als Learning and Development Specialist in einem globalen Finanzdienstleistungsunternehmen sowie als Sportlehrerin an verschiedenen Kantonsschulen. Sie studierte Arbeits- und Organisationspsychologie an der Universität Zürich und erwarb zudem das eidgenössisch diplomierte Turn- und Sportlehrerdiplom II an der ETH Zürich.

Urs Blum

ist Arbeits- und Organisationspsychologe und leitet das Zentrum für Human Resources and Corporate Learning am Institut für Angewandte Psychologie (IAP) der Zürcher Hochschule für Angewandte Wissenschaften (ZHAW). Seine Neugier hat ihn vom Gesundheitswesen über Human Resources zur Unternehmensberatung und zum Thema Lernen und Future Work geführt. Er mag große Fragen und kleine Schritte, sowohl in der Weiterbildung von Learning and Development und Human-Resources-(HR-)Fachpersonen, als auch in der Beratung von Menschen und Organisationen.

Jürg Gabathuler

Studium der Psychologie, Psychopathologie und Betriebswirtschaftslehre an der Universität Zürich. Langjährige Erfahrung als Leiter der Personalentwicklung im Bereich Finanzdienstleistungen, stellvertretender Leiter der Human Resources (HR) und Leiter der Personalentwicklung in der Telekommunikationsbranche. Zertifizierter Trainer für das Process Communication Model (PCM) in München und Wien, diverse Weiterbildungen im Bereich Assessment und Development. Seit 2017 Studienleiter für den Master of Advanced Studies (MAS) in Ausbildungsmanagement, Dozent und Berater am Institut für Angewandte Psychologie (IAP) der Zürcher Hochschule für Angewandte Wissenschaften im Bereich HR, Development und Sportpsychologie. Interessenschwerpunkte: Lernen und Verhaltensveränderung, Wirksamkeit und Transfer in der betrieblichen Bildung sowie agile Personalentwicklung und Führung in der Zukunft.

Prof. Dr. Martin Gubler

ist Vizedirektor und Leiter der Ausbildung an der Hochschule Luzern Wirtschaft. Seine Forschungsschwerpunkte sind Laufbahnkonzepte, Laufbahnmuster und Laufbahnentwicklung. Er promovierte in Arbeits- und Organisationspsychologie über Laufbahnorientierungen von IT-Fachkräften und verfügt zudem über Hochschulabschlüsse in Wirtschaftsinformatik und als Sekundarlehrer. Vor seiner akademischen Laufbahn war Martin Gubler viele Jahre als Lehrer, als IT-Personalverantwortlicher in internationalen Positionen sowie als Laufbahnberater tätig.

Luka Peters

ist Senior Consultant Digital Learning and Transformation und arbeitet als Experte für die Didaktik der digitalen Medien am Institut für Angewandte Psychologie (IAP). Seine Laufbahn bewegt sich seit 20 Jahren entlang der Schnittstelle von Bildung und digitalen Medien: als Bildungsforscher, als Hochschuldozent, als Berater und Projektleiter. Magister phil. Germanistik, Medien- und Politikwissenschaft (Heinrich-Heine-Universität Düsseldorf).

Dr. Peter Senn

ist Pädagoge und Betriebsökonom, selbstständiger Coach und Organisationsberater, Co-Leiter und Dozent des Major Human Resources Management im Bachelorstudiengang Business Administration, Leiter und Dozent in den Weiterbildungsprogrammen Certificate of Advanced Studies (CAS) Coaching als Führungskompetenz sowie CAS Change Management an der Hochschule Luzern. Langjährige Führungserfahrung als Mitglied der Geschäftsleitung der Bildungsdirektion des Kantons Obwalden, Leiter der Berufsbildung Schweizerische Bundesbahnen (SBB) und Leiter der Personal- und Organisationsentwicklung sowie Mitglied der Direktion der CSS Versicherung AG.

Roberto Siano

ist Berater, Dozent und Gründer der Firma Spielbüro. Er verfügt über langjährige Beratungserfahrung in der Praxis und im Hochschulumfeld. Seine Lehrtätigkeit im Studium und in der Weiterbildung ist stark von spielerischen Methoden, Spielen und Gamification geprägt. Vor über 20 Jahren entwickelte er sein erstes Serious Game – seither lässt ihn die Faszination für Spielpsychologie nicht mehr los. In zahlreichen Projekten rund um Spielentwicklung und Gamification hat er innovative und nachhaltige Lösungen geschaffen. Besonders begeistert ihn die Herausforderung, Lehre durch spielpsychologische Ansätze anders zu denken und weiterzuentwickeln.

Formale Lernprozesse planen und gestalten

Sandra Bajus

Inhaltsverzeichnis

© Springer-Verlag GmbH Deutschland, ein Teil von Springer Nature 2025
U. Blum et al. (Hrsg.), *Weiterbildungsmanagement in der Praxis: Bildungsangebote entwickeln*,
https://doi.org/10.1007/978-3-662-71793-6_1

1

Lernziele

Nach dem Erarbeiten dieses Kapitels sind Sie in der Lage:

- grundlegende Elemente in der Konzeption von Lernprozessen zu differenzieren,
- Gemeinsamkeiten zwischen einzelnen Planungs- und Gestaltungsmodellen zu erkennen,
- ein für Sie geeignetes Vorgehen zur Planung und Gestaltung von Lernprozessen zu nutzen.

1.1 Grundlagen von Lernprozessen

Lernprozesse können sowohl situativ im Alltag als auch in organisierter Form stattfinden. Während der wesentliche Teil des lebenslangen Lernens informell und alltagsnah geschieht (vgl. Blum, 2021, S. 50), beinhaltet Lernen in Organisationen oftmals formale Elemente. Formale Lernprozesse zeichnen sich durch eine definierte Zielsetzung, eine klare Struktur und klar definierte Rollen aus (vgl. Blum, 2021). Entsprechend bedingt ein formaler Lernprozess eine Form von Analyse, Planung und Gestaltung. Formale Lernprozesse umfassen ein breites Spektrum an Methoden – von klassischem synchronen Unterricht über kooperatives Lernen in Gruppen bis hin zu asynchronen, selbstgesteuerten Phasen wie der Vor- und Nachbereitung von Lerninhalten.

Zur Unterstützung der Lernprozessplanung und -gestaltung sind in der Literatur verschiedene didaktische Modelle zu finden. Dies hängt damit zusammen, dass die Planung und Gestaltung von Lernprozessen von der Vorstellung beeinflusst wird, wie Lehren und Lernen geschieht (unterschiedliche Lehr- und Lerntheorien sowie Prinzipen des Lehrens), und andererseits vom Weiterbildungsverständnis der Organisation und von anderen Rahmenbedingungen (Gabathuler & Bajus, 2021). Wer sich vertieft mit den verschiedenen Lehr- und Lerntheorien sowie den Prinzipien des Lehrens auseinandersetzen möchte, kann entsprechende Erläuterungen in Band I Weiterbildungsmanagement in der Praxis: Psychologie des Lernens (Blum et al., 2021) oder bei von Hippel et al. (2019) finden.

Allen Modellen ist gemeinsam, dass sie eine strukturierte Orientierung bieten und dabei unterstützen, die Komplexität bei der Planung und Gestaltung von Lernprozessen zu bewältigen.

Formale Lernprozesse werden mit unterschiedlichen Begriffen umschrieben. Zur Beschreibung des eigentlichen synchronen Lernsettings sind die Begriffe Kurs, Weiterbildung oder Training verbreitet. Der Terminus Workshop findet in der Praxis breite Verwendung. Einerseits impliziert er ein konstruktivistisches Vorgehen. Andererseits geht er jedoch von einer identischen Verteilung des Wissens zwischen den Lernenden und der lehrenden Person aus, was in vielen Lernsettings nicht gegeben ist. Ein Bildungsangebot beschreibt die Fülle an Lerninhalten, die den Lernenden angeboten werden. Der Prozess der Verarbeitung dieser Inhalte durch die lernende Person bleibt dabei jedoch ausgeblendet. Lehrpläne beschreiben die Rahmenbedingungen und Grobziele, die von den Lernenden erreicht werden sollen. Der Begriff des Curriculums umfasst zusätzlich den Zusammenhang zwischen Lehren und Lernen (vgl. Braun, 2010 S. 132 ff.). Lernprozesse schließlich beinhalten zusätzlich die Prozesse der lernenden Person selbst. Damit umfassen Lernprozesse alle Veränderungen, die bei den Lernenden durch die Auseinandersetzung mit den Lerninhalten stattfinden. In diesem Kapitel wird entsprechend der Begriff der formalen Lernprozesse verwendet, um alle Arten von organisierten Lernangeboten zu beschreiben.

1.2 Planungs- und Gestaltungsmodelle im Überblick

Im Folgenden werden einige bewährte Modelle zur Analyse, Planung, Gestaltung und Auswertung von Lernprozessen vorgestellt. Es geht weniger darum, diese als starre Rezepte auf alle Bildungsangebote zu übertragen, sondern vielmehr darum, „ein für ein vorliegendes Problem angemessenes Vorgehen zu erzeugen" (Kerres, 2021, S. 75). Kerres spricht in diesem Zusammenhang vom Schlagwort „Design dein Design". Die einzelnen Elemente der Modelle sollen in erster Linie als Orientierungshilfe dienen und flexibel an die jeweilige Situation, die Zielsetzung sowie die spezifischen Bedürfnisse der Organisation und der Bildungsverantwortlichen angepasst werden.

1.2.1 Institut-für-Angewandte-Psychologie- (IAP-) Planungsmodell

Das didaktische Planungsmodell des IAP ist ein Vier-Phasen-Modell und basiert auf dem lerntheoretischen Ansatz, bei dem es darum geht, Lehr- und Lernprozesse möglichst planbar zu machen. Im Grundsatz beinhaltet jeder formale Lernprozess zwei Elemente, die Braun (2010) als Bedingungsfelder und Entscheidungsfelder beschreibt. Bedingungsfelder beinhalten die Rahmenbedingungen und Voraussetzungen des Systems, in dem der formale Lernprozess geplant und durchgeführt wird. Die didaktischen Entscheidungen, die im Zuge der Konzeption unter diesen Rahmenbedingungen getroffen werden, sind Teil des Entscheidungsfeldes. Dazu gehören beispielsweise die Lernziele, die Inhalte sowie die Methoden und Medien.

Wie in ◼ Abb. 1.1 ersichtlich ist, gehören die ersten beiden Phasen des Planungsmodells – die Bedingungsfelder und die Bedarfsanalyse – zum übergeordneten Bildungsmanagement und bilden die Grundlage für die spätere Planung und Gestaltung von Lehr- und Lernprozessen. Die **Bedingungsfelder** (Phase 1) umfassen gesellschaftliche, organisationale und adressatenbezogene Analysen. Die **Bedarfsanalyse** (Phase 2) untersucht unter anderem das Anwendungsfeld, Kompetenzen, Arbeitsprobleme sowie die Bedürfnisse der Mitarbeitenden. Diese Analysen liefern einerseits die notwendigen Informationen für fundierte **didaktisch-methodische Entscheidungen** (Phase 3) bezüglich Lernzielen, Inhalten, Strukturierung, Methoden- und Medienwahl. Andererseits bilden sie die Basis für die **Wirkungsanalyse** (Phase 4), die sich mit der Auswahl geeigneter Evaluationsformen zur Erhebung der Zufriedenheit, der Lernzielkontrolle, des Transfers, des Nutzens für die Organisation und der

1

- Gesellschaftliche Analyse
- Organisationale Analyse
- Adressatenanalyse

Bedingungsfelder   Bedarfsanalyse

- Anwendungsfeld
- Kompetenzen (Ist/Soll)
- Arbeitsprobleme
- Veränderungen in der Organisation
- Bedürfnisse der Mitarbeitenden

Wirkungsanalyse   Didaktische Entscheidungen

- Zufriedenheit
- Lernzielkontrolle
- Transfer
- Nutzen für Organisation
- Wirtschaftlichkeit

- Lernziele bestimmen
- Inhalte auswählen/reduzieren
- Struktur geben
- Methoden/Medien auswählen
- Organisieren

◼ **Abb. 1.1**   IAP-Planungsmodell. (Eigene Darstellung, in Anlehnung an Braun, 2010)

Wirtschaftlichkeit befasst. Ziel des Modells ist es, ein bedürfnisorientiertes und pass-genaues Curriculum zu entwickeln und den Lernenden größtmöglichen Raum für Mitgestaltung und Einflussnahme zu eröffnen (vgl. Braun, 2010).

1.2.2 ADDIE-Modell

Das ADDIE-Modell ist ein international etabliertes Planungsmodell aus dem Bereich des Instructional Design. Instructional Design bezeichnet dabei die systematische Entwicklung von Lernangeboten, basierend auf empirischen Erkenntnissen aus der Lehr-Lern-Forschung, und hat seinen Ursprung in den USA (Kerres, 2012). Das Fünf-Phasen-Modell wurde ursprünglich in den 1970er-Jahren für die US Air Force entwickelt (Allen, 2006). Der Name ADDIE steht für die fünf aufeinanderfolgenden Phasen: **Analyze, Design, Development, Implementation** und **Evaluation**.

In der **Analysephase** (Phase 1) werden die Bedürfnisse der Zielgruppe sowie die Ziele der Organisation systematisch erfasst. Dabei wird geprüft, welche Inhalte und Ressourcen bereits vorhanden sind und welche neu entwickelt werden müssen, um ein passgenaues Lernangebot zu gestalten. Darauf aufbauend folgt das **Design** (Phase 2), in dem Lernziele, Inhalte, Methoden und Medien geplant werden. In der **Development-Phase** (Phase 3) werden die geplanten Materialien und Lernressourcen erstellt. In der **Implementierung** (Phase 4) wird das Bildungsangebot eingeführt und der Lernprozess gestartet. Durch Maßnahmen wie Kommunikation, Workshops oder begleitendes Marketing wird sichergestellt, dass die Inhalte effizient und zielgerichtet bei der Zielgruppe ankommen. Abschließend erfolgt die **Evaluation** (Phase 5), in der sowohl formative als auch summative Rückmeldungen zur Qualität und Wirksamkeit der Maßnahme gesammelt werden.

Ziel des ADDIE-Modells ist es, strukturierte, zielgerichtete und überprüfbare Lernangebote zu entwickeln. Es eignet sich besonders für komplexe Lernsettings, bei denen eine sorgfältige Planung und Qualitätssicherung erforderlich ist – etwa in der digitalen Bildung oder bei der Entwicklung modularer Trainingsprogramme. In ◨ Tab. 1.1 sind mögliche Fragen aufgelistet, die in der jeweiligen Phase hilfreich sein können.

Das ADDIE-Modell wurde in den letzten Jahren weiterentwickelt, um den sich wandelnden Anforderungen von Lernenden und Organisationen besser gerecht zu werden. Dabei hat es sich von einem ursprünglich linearen Ansatz zu einem flexiblen, dynamischen Rahmen gewandelt, der agile Entwicklungsprozesse mit integrierten Evaluationszyklen ermöglicht (vgl. Allen, 2006; Behrens & Zander, 2018; siehe ◨ Abb. 1.2).

◨ Tab. 1.1   Mögliche Leitfragen im ADDIE-Modell

Phasen	Leitfragen
1 Analyze	• Wer sind die Lernenden? Welche Vorkenntnisse, Bedürfnisse, Motivation bringen sie mit? • Welches Problem oder welcher Lernbedarf liegt vor? • Welche Kompetenzen sollen aufgebaut oder verbessert werden? • Welche organisatorischen, technischen, zeitlichen oder personellen Rahmenbedingungen sind zu beachten? • Welche Lernziele sind aus Sicht der Organisation relevant? • Gibt es gesetzliche oder normative Vorgaben? • Welche Barrieren könnten den Lernprozess behindern?
2 Design	• Welche konkreten Lernziele sollen erreicht werden? • Welche Inhalte sind notwendig, um diese Ziele zu erreichen? • Wie sollen die Inhalte strukturiert und wie können die Teilnehmenden aktiviert werden? • Welche Methoden, welche Sozialformen (Einzel-, Partner-, Gruppenarbeit) sind zur Lernzielerreichung sinnvoll? • Welche Medien und Materialien unterstützen den Lernprozess am besten? • Wie wird der Lerntransfer in die Praxis unterstützt? • Wie soll die Lernerfolgskontrolle überprüft werden?
3 Develop	• Was braucht es für die jeweiligen Methoden? • Welche Materialien müssen erstellt oder angepasst werden? • Gibt es bestehende Inhalte, die integriert werden können? • Wie werden Barrierefreiheit und Nutzerfreundlichkeit berücksichtigt? • Welche Formate (Text, Video, interaktiv) sind geeignet?
4 Implement	• Wie wird das Lernangebot eingeführt (z. B. Kick-off, Einführungssession)? • Welche technischen Voraussetzungen müssen erfüllt sein? • Wie werden die Lernenden begleitet (z. B. Lernbegleitung, Coaching)? • Welche Kommunikationskanäle werden genutzt? • Gibt es begleitende Maßnahmen (z. B. Reflexion, Austauschformate)?
5 Evaluate	• Wurden die Lernziele erreicht? • Wie zufrieden sind die Teilnehmenden mit dem Lernangebot? • Wie nachhaltig ist der Lernerfolg (Transfer in die Praxis)? • Welche positiven Effekte zeigt das Bildungsangebot auf Team-, Abteilungs- oder Organisationsebene? • Welche Ressourcen (Zeit, Geld, Personal) wurden eingesetzt – und wie effektiv? • Wie wird die Evaluation dokumentiert und kommuniziert?

1

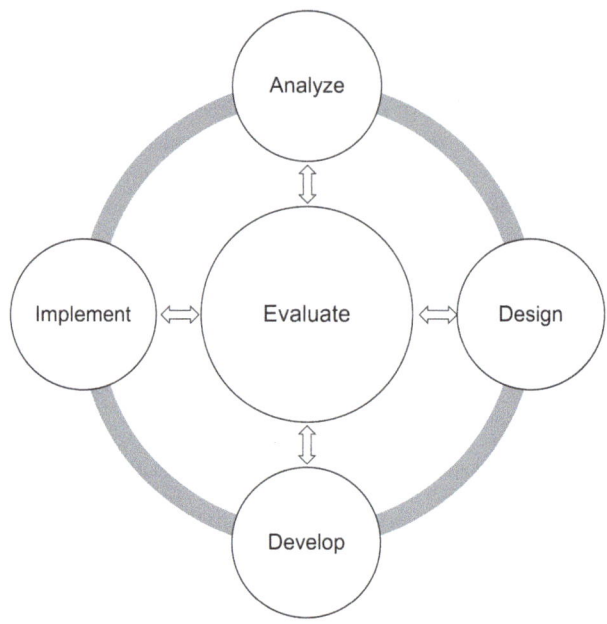

Abb. 1.2 Agiles ADDIE-Modell. (Eigene Darstellung, in Anlehnung an Allen, 2006; Behrens & Zander, 2018)

1.2.3 Gestaltungsmodelle

Die Ergebnisse der vorangegangenen Analyse- und Planungsphasen bilden die Grundlage für die didaktischen Entscheidungen zur Gestaltung von Lernprozessen (Phase 2 *Design* im ADDIE-Modell sowie Phase 3 *Didaktische Entscheidungen* im IAP-Planungsmodell). Bildungsverantwortliche sehen sich dabei mit verschiedenen Fragen konfrontiert, die als didaktisch-methodische W-Fragen zusammengefasst werden können (vgl. Siebert, 2010; Kerres, 2021): WER lernt WAS, WOZU, WARUM, WIE, WOMIT, WANN und WO (siehe ● Tab. 1.2).

Zu erwähnen ist, dass didaktisches Handeln auf mehreren Ebenen erfolgen kann. Die Mikroebene bezieht sich auf konkrete Unterrichts- und Lernsituationen, die Mesoebene betrifft die Angebotsplanung und Programmgestaltung und die Makroebene hat die gesamtinstitutionelle oder bildungspolitische Planung im Fokus. Dabei sollten didaktische Entscheidungen auf einer Ebene immer im Zusammenhang mit den Bedingungen der angrenzenden Ebenen – sowohl darüber als auch darunter – getroffen werden (vgl. von Hippel et al., 2019; Siebert, 2000).

Auch bei der Frage nach dem WIE – also der Auswahl von Methoden und der Strukturierung von Lernprozessen – bieten verschiedene Modelle Orientierung. Zwei davon werden im Folgenden näher betrachtet.

◘ Tab. 1.2 Didaktisch-methodische W-Fragen. (Vgl. Siebert, 2010; Kerres, 2021)

Entscheidung/Frage	Fragestellungen
Zielgruppe Wer?	• Welche Vorkenntnisse bringen die Lernenden mit? • Welche Interessen und Bedürfnisse haben sie? • Welche sprachlichen oder kulturellen Voraussetzungen bestehen? • Wie heterogen ist die Gruppe in Bezug auf Leistungsstand und Motivation? • Welche Unterstützung benötigen einzelne Lernende? • Welche Erfahrungen haben die Lernenden mit dem Thema? • Wie kann auf unterschiedliche Lernvoraussetzungen eingegangen werden? • Welche Rolle spielen Alter, Berufserfahrung oder Bildungshintergrund? • Wie kann Partizipation und Mitgestaltung ermöglicht werden?
Gründe/Motive Warum?	• Warum ist dieses Thema für die Lernenden bedeutsam? • Welche gesellschaftliche oder berufliche Relevanz hat das Thema? • Welche langfristigen Bildungsziele werden damit verfolgt? • Welche Interessen und Lebenswelten der Lernenden werden angesprochen? • Welche Werte oder Haltungen sollen vermittelt werden? • Wie lässt sich die Themenwahl bildungstheoretisch begründen? • Welche aktuellen Herausforderungen oder Entwicklungen machen das Thema wichtig? • Welche Rolle spielt das Thema für die Persönlichkeitsentwicklung? • Welche Anschlussfähigkeit besteht zu vorherigen oder zukünftigen Themen? • Welche Begründung kann gegenüber Stakeholdern (z. B. Vorgesetzten) gegeben werden?
Lernziele Wozu?	• Welche konkreten Kompetenzen sollen aufgebaut werden? • Welche kognitiven, psychomotorischen und affektiven Lernziele stehen im Vordergrund? • Wie lassen sich die Lernziele operationalisieren? • Welche übergeordneten Bildungsziele (z. B. Persönlichkeitsentwicklung) werden verfolgt? • Welche Prüfungs- oder Leistungsanforderungen müssen berücksichtigt werden? • Welche Kompetenzen sind für die Lebens- oder Berufswelt der Lernenden relevant? • Welche Lernziele sind kurzfristig, welche langfristig angelegt? • Wie können die Lernziele überprüft und evaluiert werden? • Welche Rolle spielen Selbstlernkompetenzen und Metakognition? • Welche Ziele sind für die Gruppe, welche für Einzelne besonders wichtig?

(Fortsetzung)

1

■ **Tab. 1.2**   (Fortsetzung)

Entscheidung/Frage	Fragestellungen
Inhalte/Themen Was?	• Welche fachlichen Inhalte sind zentral für das Thema? • Welche Inhalte sind für die Zielgruppe relevant und bedeutsam? • Welche Inhalte sind aktuell oder gesellschaftlich relevant? • Welche Inhalte lassen sich exemplarisch für größere Zusammenhänge nutzen? • Welche Inhalte fördern nachhaltiges Lernen? • Welche Inhalte sind verpflichtend laut Lehrplan oder Curriculum? • Welche Inhalte eignen sich für projektorientiertes Arbeiten? • Welche Inhalte lassen sich mit anderen Fächern oder Themen verknüpfen? • Welche Inhalte fördern kritisches Denken und Reflexion? • Welche Inhalte können reduziert oder weggelassen werden? • Für welche Themen ist Expertenwissen in der Organisation vorhanden?
Methoden/Struktur Wie?	• Welche Methoden unterstützen das Lernziel? • Welche Methoden fördern aktives und selbstgesteuertes Lernen? • Welche Sozialformen (Einzel-, Partner-, Gruppenarbeit) sind geeignet? • Wie kann Differenzierung und Individualisierung ermöglicht werden? • Welche Methoden motivieren die Lernenden besonders? • Wie kann der Lernprozess abwechslungsreich gestaltet werden? • Welche Methoden fördern Kooperation und Kommunikation? • Wie kann der Lernprozess strukturiert und rhythmisiert werden? • Welche Methoden eignen sich für die Einführung, Vertiefung und Sicherung? • Wie kann Feedback in den Lernprozess integriert werden? • Welche Methoden fördern Reflexion und Transfer?
Medien Womit?	• Welche analogen und digitalen Medien unterstützen das Lernziel? • Welche Materialien sind bereits vorhanden, welche müssen erstellt werden? • Wie können Medien zur Visualisierung beitragen? • Welche interaktiven oder multimedialen Elemente können integriert werden? • Wie wird der Medieneinsatz didaktisch begründet? • Welche Medien fördern eigenständiges Lernen? • Wie kann der Medieneinsatz barrierefrei gestaltet werden? • Welche Rolle spielen Lernplattformen oder digitale Tools? • Wie kann der Einsatz von Medien reflektiert und evaluiert werden? • Welche Materialien fördern nachhaltiges Lernen?
Organisation Wann? Wo? (Wie lange, bis wann?)	• Wie viel Zeit steht zur Verfügung? • Wie wird die Zeit sinnvoll strukturiert? • Welche räumlichen Gegebenheiten beeinflussen das Lernen? • Welche technischen Ressourcen sind vorhanden? • Welche organisatorischen Vorgaben müssen beachtet werden? • Welche Störungen oder Unterbrechungen sind möglich? • Wie flexibel kann auf Veränderungen reagiert werden? • Welche Lernorte könnten genutzt werden? • Wie kann der Lernort lernförderlich gestaltet werden?

1.2.3.1 FIIT-Modell zur Strukturierung von Lernprozessen

Die Aneignung von Wissen und der Erwerb von neuen Verhaltensweisen erfolgt schrittweise und erfordert eine strukturierte Planung von Lernprozessen. Dabei ist es notwendig, zeitliche, inhaltliche und prozessuale Abläufe sowohl für einzelne Lerneinheiten als auch für größere und längerdauernde Bildungsangebote zu gestalten (Braun, 2010).

Am IAP wird in der betrieblichen Bildung zur Strukturierung von Lernprozessen und als Teil der didaktischen Entscheidungen im IAP-Planungsmodell das sogenannte **FIIT-Modell** angewendet, das aus vier Schritten besteht: **F** Fragestellung, I_b Informationen bereitstellen/beschaffen, I_v Informationen verarbeiten, **T** Training/Test. In ◘ Tab. 1.3 sind die einzelnen Schritte näher beschrieben.

Eine klare Gliederung und ein ausgewogenes Verhältnis der Lernschritte sind entscheidend, wobei Wiederholungen einzelner Schritte innerhalb einer Unterrichtseinheit sinnvoll sein können (Braun, 2010).

1.2.3.2 AVIVA zur Strukturierung von Lernprozessen

Das **AVIVA-Modell** ist ein weiteres Modell zur Strukturierung von Unterrichtseinheiten. Die Grundlage bilden sowohl lerntheoretische Forschungsergebnisse als auch praxisorientierte Erfahrungen aus der Unterrichtsgestaltung (Städeli et al., 2023). Ziel ist es, Lernprozesse aktivierend, reflexiv und nachhaltig zu gestalten. Hinter der Abkürzung AVIVA stehen fünf Phasen für einen effektiven Unterricht: **A** Ankommen und einstimmen, **V** Vorwissen aktivieren, **I** Informieren, **V** Verarbeiten, **A** Auswerten. Dabei unterscheiden Städeli et al. (2023) zwischen direktem und indirektem Vorgehen. Im direkten Ansatz steuert die Lehrperson den Lernprozess, indem sie vorgibt, welche Ressourcen zur Bearbeitung einer Aufgabe genutzt werden sollen. Im

◘ **Tab. 1.3** FIIT-Modell zur Strukturierung von Lernprozessen (in Anlehnung an Braun, 2010)

Schritte	Merkmale
F Fragestellung/Einstieg	Neugier/Interesse für den Lernstoff wecken, Lernbereitschaft mobilisieren, über Ziele/Agenda orientieren, Nutzen der Lernziele aufzeigen, Vorkenntnisse abholen.
I_b Informationen bereitstellen/beschaffen	Erforderliche Informationen zum Thema (Theorie) werden durch Lehrende bereitgestellt (z. B. Frontalunterricht) oder von Lernenden selbstständig beschafft (z. B. Analyse von Texten/Videos, Recherche etc.)
I_v Informationen verarbeiten	Die gewonnenen Informationen werden durch geeignete Methoden verarbeitet, d. h. in bisherige Denkweisen eingeordnet und eingeübt. *Dieser Schritt ist von zentraler Bedeutung, da Informationen, die nicht aktiv verarbeitet werden, kaum Chancen haben, langfristig im Gedächtnis verankert zu werden oder das Verhalten nachhaltig zu beeinflussen*
T Training/Test	Sicherung und Anwendung des Gelernten, vertiefendes Üben und Anwenden/Überprüfen des neu erlernten Stoffes

1

◘ **Tab. 1.4**   Direktes und indirektes Vorgehen im AVIVA-Modell. (Nach Städeli et al., 2023)

Phasen	Direktes Vorgehen: Instruktion	Indirektes Vorgehen: selbstgesteuertes Lernen
A Ankommen und einstimmen	Lernziele und Programm werden vorgegeben	Situation/Problem wird vorgestellt, Lernende bestimmen Ziele und Vorgehen weitgehend selbst
V Vorwissen aktivieren	Unter Anleitung der Lehrperson und mithilfe strukturierter Methoden greifen die Lernenden auf ihr Vorwissen zurück	Lernende aktivieren ihr Vorwissen selbstgesteuert als Grundlage für weiterführendes Lernen
I Informieren	Ressourcen werden im gemeinsamen Prozess erarbeitet oder weiterentwickelt, wobei die Lehrperson die Richtung vorgibt	Lernende entscheiden eigenverantwortlich, welche Ressourcen sie benötigen und wie sie deren Aneignung gestalten
V Verarbeiten	Lernende setzen sich aktiv mit den bereitgestellten Ressourcen auseinander, indem sie diese verarbeiten, vertiefen, üben, anwenden und festigen	Lernende setzen sich aktiv mit den neuen Ressourcen auseinander, indem sie diese verarbeiten, vertiefen, üben, anwenden und diskutieren
A Auswerten	Ziele, Vorgehen und Lernerfolg überprüfen	Ziele, Vorgehen und Lernerfolg überprüfen

Gegensatz dazu fordert das indirekte Vorgehen die Lernenden dazu auf, selbstständig Strategien und Mittel zur Problemlösung zu entwickeln. ◘ Tab. 1.4 stellt die beiden Vorgehensweisen in den einzelnen Phasen gegenüber.

Je nach Zielgruppe und verfügbaren zeitlichen, räumlichen, technischen und personellen Ressourcen kommen in den einzelnen Phasen passende Methoden und Medien zum Einsatz, um die Lernziele bestmöglich zu erreichen.

In der Literatur sind weitere Modelle zur Strukturierung von Lernprozessen zu finden, die hier erwähnt, aber nicht weiter erläutert werden sollen. So schlagen Brendel et al. (2019) sechs Lehrschritte zum kompetenzorientierten Lehren und Lernen vor: Aufmerksamkeit wecken, Vorwissen aktivieren, Ziele und Relevanz verdeutlichen, informieren/darbieten, Reflexionsimpulse geben, üben und elaborieren lassen. Die Lehrschritte sind als Weiterentwicklung zum **MOMBI-Modell** (Model of Model-Based Instruction) zu verstehen, das von Hanke (2008) entwickelt wurde.

Schubigers **RITA-Modell** dient ebenfalls zur Gestaltung von Lehr- und Lernprozessen in den Bereichen Wissen, Können und Wollen. **R** steht dabei für Ressourcen aktivieren, **I** für Informationen verarbeiten, **T** für Transfer anbahnen und **A** für Auswerten (Schubiger, 2022).

Schließlich soll das **AITUS-Modell** von Meyer noch erwähnt werden, das in gleicher Weise zum Aufbau einer Unterrichtseinheit dienen kann. **A** wird beschrieben als Anfangen, **I** als Interesse wecken, **T** als Theorie vermitteln und erarbeiten, **U** als Umsetzen und Üben sowie **S** als Schluss (Meyer & Stocker, 2024).

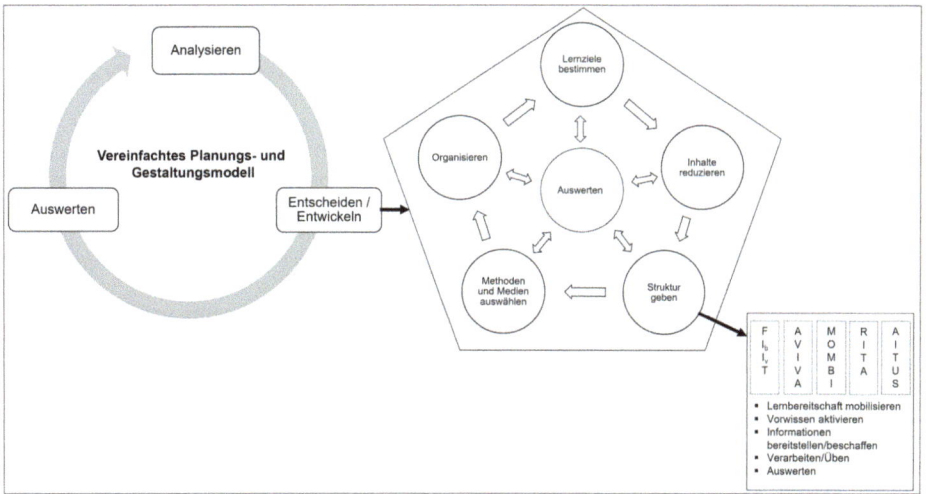

■ **Abb. 1.3**   Synthese der Planungs- und Gestaltungsmodelle. (Eigene Darstellung)

1.3   Synthese der verschiedenen Modelle

Die weiter oben beschriebenen Planungs- und Gestaltungsmodelle für Lernprozesse stellen eine Orientierungshilfe in der Aus- und Weiterbildung dar. Welche Modelle konkret zum Einsatz kommen, hängt wie bereits erwähnt von verschiedenen Faktoren ab. ■ Abb. 1.3 fasst die vorgestellten Modelle zusammen und bringt sie auf einen gemeinsamen Nenner. So lassen sich das IAP-Planungsmodell und das ADDIE-Modell in vereinfachter Form in drei übergeordnete Phasen gliedern: **Analyse**, **Entscheidung/Entwicklung** und **Auswertung**. In Phase 2 wiederum stehen die didaktischen Entscheidungen mit Ziele bestimmen, Inhalte reduzieren, Struktur geben, Methoden und Medien auswählen sowie Organisieren und Auswerten im Fokus. Die Strukturierung einer Unterrichtseinheit mit den fünf dargestellten Modellen lassen sich schließlich zusammenführen in: **Lernbereitschaft mobilisieren**, **Vorwissen aktivieren**, **Information bereitstellen/beschaffen**, **verarbeiten/üben** und **auswerten**.

> **Fazit**
>
> Der Erfolg eines Bildungsangebots hängt wesentlich von einer sorgfältigen, zielgruppenorientierten Planungsarbeit sowie von durchdachten didaktisch-methodischen Entscheidungen ab. Dafür braucht es fundiertes didaktisches Wissen sowie die Fähigkeit, trotz genauer Planung flexibel auf Situationen zu reagieren, um Lernende zu aktivieren und zu motivieren.
>
> Ebenso wichtig ist eine sorgfältige Evaluation, die zunehmend auch betriebswirtschaftliche Aspekte berücksichtigt. So lassen sich Wirkung, Stärken und Optimierungspotenziale eines Bildungsangebots gezielt erfassen.

1

Literatur

Allen, W. C. (2006). Overview and evolution of the ADDIE training system. *Advances in Developing Human Resources, 8*(4), 430–441.

Behrens, A., & Zander, S. (2018). ADDIE-modell. In K. Wilbers & A. Hohenstein (Hrsg.), *E-Learning Handbuch: Expertenwissen aus Wissenschaft und Praxis* (S. 1–9). Wolters Kluwer Deutschland.

Blum, U. (2021). Leben heißt lernen: Nutzen von informellen Lernprozessen. In U. Blum, J. Gabathuler, & S. Bajus (Hrsg.), *Weiterbildungsmanagement in der Praxis: Psychologie des Lernens* (S. 47–63). Springer.

Blum, U., Gabathuler, J., & Bajus, S. (2021). *Weiterbildungsmanagement in der Praxis: Psychologie des Lernens.* Springer.

Braun, B. (2010). Curriculare Planungsphasen von Lehr-/Lernprozessen in der Aus- und Weiterbildung. In C. Negri (Hrsg.), *Angewandte Psychologie für die Personalentwicklung* (S. 131–156). Springer.

Brendel, S., Hanke, U., & Macke, G. (2019). *Kompetenzorientiert lehren an der Hochschule.* Barbara Budrich.

Gabathuler, J., & Bajus, S. (2021). Lern- und Lehrpsychologie – Bedeutung für die betriebliche Weiterbildung und Auswirkung auf eine moderne betriebliche Bildung/Personalentwicklung. In U. Blum, J. Gabathuler, & S. Bajus (Hrsg.), *Weiterbildungsmanagement in der Praxis: Psychologie des Lernens* (S. 159–184). Springer.

Hanke, U. (2008). Realizing model-based instruction. The model of model-based instruction. In D. Ifenthaler, M. Spector, & P. Pirnay-Dummer (Hrsg.), *Understanding models for learning and instruction. Essays in Honor of Norbert M. Seel* (S. 175–186). Springer.

von Hippel, A., Kulmus, C., & Stimm, M. (2019). *Didaktik der Erwachsenen- und Weiterbildung.* Ferdinand Schöningh.

Kerres, M. (2012). *Mediendidaktik. Konzeption und Entwicklung mediengestützter Lernangebote.* Oldenbourg.

Kerres, M. (2021). *Didaktik. Lernangebote gestalten.* Waxmann.

Meyer, R., & Stocker, F. (2024). *Lehren Kompakt I.* hep verlag.

Schubiger, A. (2022). *Lehren und Lernen: Ressourcen aktivieren.* hep verlag.

Siebert, H. (2000). *Didaktisches Handeln in der Erwachsenenbildung. Didaktik aus konstruktivistischer Sicht.* Luchterhand.

Siebert, H. (2010). *Methoden für die Bildungsarbeit: Leitfaden für aktivierendes Lehren.* Bertelsmann.

Städeli, C., Maurer, M., Caduff, C., & Pfiffner, M. (2023). *Das AVIVA-Modell: Kompetenzorientiert unterrichten und prüfen.* hep verlag.

Wie agiles Lernen gelingt ...

Jürg Gabathuler

Inhaltsverzeichnis

© Springer-Verlag GmbH Deutschland, ein Teil von Springer Nature 2025
U. Blum et al. (Hrsg.), *Weiterbildungsmanagement in der Praxis: Bildungsangebote entwickeln*,
https://doi.org/10.1007/978-3-662-71793-6_2

Lernziele

Nach dem Erarbeiten dieses Kapitels sind Sie in der Lage:

- klassisches Lernen von agilem Lernen zu unterscheiden und entsprechende Lernstrategien zu definieren;
- die richtige Lernstrategie mithilfe der Stacey-Matrix zu begründen;
- geeignete Rahmenbedingungen für agiles Lernen in Organisationen zu definieren;
- den aktuellen Zustand der Lernfähigkeit auf den Ebenen Organisation, Team und Mitarbeitenden mittels geeigneter Instrumente einzuschätzen;
- die Wirksamkeit von agilem Lernen zu belegen.

2.1 Herausforderungen für Mitarbeitende und Organisationen

In der Zukunft werden KI, Arbeitskräftemangel und Nachhaltigkeit wichtige Leitpunkte für die Arbeitswelt sein und Führungskräfte wie auch Mitarbeitende fordern. So erwähnt die „Architektin der neuen Arbeitswelt" Professorin Heike Bruch (2023) im Interview „6 Fragen an die St. Galler" auf der Webseite https://cdi.unisg.ch/de/newsuebersicht/detail/news[1] die folgenden Trends, die weiterhin das Arbeitsleben dominieren werden: „… Die Flexibilisierung der Arbeitszeiten und -orte, sowie ein Umdenken im Hierarchieverständnis haben die Arbeitswelt schon jetzt grundlegend verändert. Mehr Umbrüche werden durch KI, Arbeitskräftemangel und Nachhaltigkeit folgen. New Work heißt: Mehr Freiheit, Flexibilität und generell mehr Wahlmöglichkeiten von Mitarbeitenden. Auch Sinnerfüllung.

Gleichzeitig bringt dies auch neue Herausforderungen mit sich: Das Verschwimmen der Grenzen zwischen Arbeit und Freizeit und eine ständige Erreichbarkeit bergen die Gefahr der emotionalen Erschöpfung. Virtuelle Zusammenarbeit führt in vielen Fällen zu Isolation und Verlust von Teamzusammenhalt …"

Die Antwort auf New Work und die damit verbundenen Herausforderungen lässt sich mit dem Begriff Anpassungsfähigkeit zusammenfassen.

2.2 „Survival of the fittest" und Bedeutung für Organisationen

Die Aussage „survival of the fittest" wird häufig mit Charles Darwin und seinem Werk „On the Origin of Species" assoziiert, obwohl der Ausdruck in den ersten Ausgaben nicht vorkam. In späteren Auflagen nahm Darwin den Begriff auf – ein Vorschlag, der maßgeblich von Herbert Spencer inspiriert wurde –, um das Prinzip der natürlichen Selektion prägnant zu formulieren (Ruse, 2012). Die Aussage „survival of the fittest" wird verwendet, um darzulegen, dass nicht die Stärksten oder Intelligentesten langfristig die besseren Chancen haben zu überleben, sondern Organismen, die am besten an ihre Umwelt angepasst sind.

---

1 Zugegriffen am 12.06.2025.

Dieser Kontext lässt sich auch auf heutige Organisationen übertragen. Um überlebensfähig zu sein, müssen sich Organisationen auf veränderte Bedingungen und/oder Bedürfnisse der Kunden:innen einstellen. Tun sie das nicht, „verschwinden" sie früher oder später vom Markt. Folgende Aspekte spielen dabei eine wesentliche Rolle:

- **Anpassungsfähigkeit**
- Bedürfnisse der Kunden:innen schneller in neue Geschäftsmodelle einbauen, Effizienzsteigerung mit Einbezug von KI, Anpassung von Strukturen, Führung straffen/verflachen, Anreizsysteme auf Teamebene ausweiten
- **Innovationsfähigkeit**
- Kultur der kontinuierlichen Verbesserung oder Kultur der Fehleranalyse implementieren
- **Teamzusammenarbeit**
    Psychologische Sicherheit in Teams durch geeignete Maßnahmen stärken, um wirksame Teams zu etablieren und Arbeitszufriedenheit zu erhöhen; Förderung der Selbstorganisation und Eigenverantwortung

Bekannte Unternehmen, die es nicht geschafft haben, sich rechtzeitig anzupassen, sind beispielsweise das Reisebüro Thomas Cook, Alitalia und Toys "R" Us.

Thomas Cook war einst ein führender Anbieter von Pauschalreisen. Dem Unternehmen gelang es nicht, sich rechtzeitig an die Veränderungen im Reiseverhalten und die zunehmende Bedeutung des Online-Buchungsmarktes anzupassen. Dies führte schließlich zur Insolvenz im Jahr 2019. Auch die italienische Fluggesellschaft Alitalia hat ihren Betrieb einstellen müssen. Alitalia kämpfte jahrelang mit finanziellen Problemen. Außerdem verhinderten politische Einflussnahme und staatliche Beteiligung rigorose Strukturierungsmaßnahmen. Das beeinträchtigte die Fähigkeit von Alitalia, notwendige und oft schmerzhafte Maßnahmen umzusetzen, und schreckte Investoren ab. Letztendlich gelang es nicht mehr, sich an die verändernden Marktbedingungen und den zunehmenden Wettbewerb im Luftverkehr anzupassen, und Alitalia musste den Betrieb 2021 einstellen. Auch die Spielzeugkette Toys "R" Us hat die Bedeutung des Online-Handels falsch eingeschätzt, konnte die verlorenen Marktanteile an Amazon nicht mehr aufholen und musste schließlich Insolvenz anmelden.

Eine Studie von Deloitte (Hauptmann & Waldner, 2018, S. 4) zeigt außerdem die zunehmende Veränderungsgeschwindigkeit auf eindrückliche Weise. In der Studie wird der Lebenszyklus von an der Börse kotierten amerikanischen Unternehmen untersucht. Während um 1950 ein Unternehmen durchschnittlich ca. 60 Jahre im Aktienindex von Standard & Poor's gelistet war, liegt die durchschnittliche Dauer heute bei 15 Jahren. Gemäß den Autoren mit weiterhin fallender Tendenz.

Das Prinzip „survival of the fittest" ist demnach in der modernen Geschäftswelt hochrelevant, da es die Notwendigkeit unterstreicht, sich kontinuierlich anzupassen und zu lernen, um wettbewerbsfähig zu bleiben. Das Versäumnis, auf entscheidende Marktdynamiken und Bedürfnisse der Kunden:innen flexibel zu reagieren, führt nicht nur zu Wettbewerbsnachteilen, sondern stellt auch langfristig das Überleben des Unternehmens infrage. Diese Perspektive unterstreicht die Bedeutung von Anpassungsfähigkeit und kontinuierlichem Lernen in einer sich rasant wandelnden Geschäftswelt, um strukturelle und organisationale Krisen abzuwenden.

2.3 Anpassung bedingt Lernen

Um sich veränderten Bedingungen anzupassen, ist die Fähigkeit zu lernen unumgänglich. Dies gilt für Organisationen wie für Individuen. Bisherige, z. B. hierarchische Organisationsstrukturen, hatten das Ziel, stabile Handlungs- und Denkmuster zu erzeugen. Damit wurden in einer mehr oder weniger stabilen Umwelt Handlungsroutinen für eine effiziente und effektive Befriedigung von Bedürfnissen der Kunden:innen gewährleistet. Veränderungen wurden mittels größerer Change-Prozesse umgesetzt. Die immer kürzer werdenden Veränderungszyklen erzeugen aber einen höheren Anpassungsdruck. Starre Strukturen werden dabei zu einem Nachteil, da sie nicht auf schnelle Veränderungen ausgelegt sind (Pfister & Müller, 2019).

Neue Arbeitsmethoden, mit denen flexibler auf Veränderungen reagiert werden kann, stehen deshalb im Zentrum des Interesses. Agile Methoden, die sich in den letzten Jahren in technologiegetriebenen Unternehmen erfolgreich etabliert haben, geben Unternehmen die Möglichkeit, rasch und wirksam auf Veränderungen zu reagieren.

Wenn Lernen für Menschen die Lösung auf Anpassungsdruck ist, so gilt dies auch für Organisationen. Agile Methoden und agile Organisationsstrukturen sind so ausgelegt, dass menschliche Lernprozesse repräsentiert werden. Damit wird das Lernen zum eigentlichen Kernelement in der agilen Methodik.

2.4 Lernen und Lernprozesse

Lernen ist ein kontinuierlicher, prozesshafter Vorgang, bei dem Individuen sowie Organisationen neue Informationen, Fähigkeiten und Einstellungen erwerben und durch die Reflexion von Erfahrungen ihre bestehenden Wissensstrukturen modifizieren und erweitern. Dieser Prozess umfasst sowohl explizite als auch implizite Lernformen und findet auf verschiedenen Ebenen – individuell, kollektiv und organisatorisch – statt. Während explizite Lernprozesse häufig in gezielten Schulungs- und Trainingsmaßnahmen umgesetzt werden, erfolgt implizites Lernen oft durch die Auseinandersetzung mit praktischen Erfahrungen und die kritische Reflexion von Fehlern, wodurch adaptive und innovative Handlungsstrategien entwickelt werden können. Die dynamische und transformative Natur des Lernens ermöglicht es, bestehende Denk- und Verhaltensmuster zu hinterfragen und sich gezielt an veränderte Umweltbedingungen und Anforderungen anzupassen (Senge et al., 2021).

Die in der Definition „Lernen" beschriebenen Kriterien lassen sich gut auf die wichtigsten Lernprozesse übertragen. Diese sind:

- Konditionierungslernen: funktioniert mit positiven, z. B. Belohnung, oder negativen Verstärkern, z. B. Überzeit bei Nicht-Erreichen eines Zieles
- Lernen am Modell: eine neue Verhaltensweise wird durch Beobachtung gelernt und durch positive Verstärkung beeinflusst
- Lernen durch Einsicht: z. B. durch Einzel- oder Gruppenreflexion bei Problemlösungen und bei der Fehleranalyse

Weitere Erläuterungen, eine detaillierte Übersicht und Anwendungsformen sind bereits in Band I beschrieben (Blum et al., 2021, S. 161–166). s://zhaw.swisscovery. slsp.ch/permalink/41SLSP_ZAW/47r7nv/cdi_proquest_ebookcentral_ EBC6676190[2]

2.5 Agilität und agiles Lernen

Agilität bezeichnet die Fähigkeit von Individuen, Teams und Organisationen, sich schnell und flexibel an veränderte Marktbedingungen und Wettbewerbsanforderungen anzupassen. Gleichzeitig wird Agilität auch mit dem Konzept der lernenden Organisation verknüpft, da Organisationen in der Lage sein müssen, ihre internen Wissensprozesse, Denkstrukturen und Innovationspotenziale ständig zu hinterfragen und weiterzuentwickeln (Simon, 2002).

Agiles Lernen basiert auf den Prinzipien der agilen Methodik, die Flexibilität, iterative Prozesse und kontinuierliches Feedback zur Optimierung betont. Es ermöglicht Lernenden, schnell auf Veränderungen zu reagieren und ihre Lernstrategien kontinuierlich anzupassen, und unterstützt damit auch die organisationale Anpassungsfähigkeit.

Die wesentlichen Unterschiede zwischen herkömmlichem oder klassischem Lernen im Vergleich zum agilen Lernen sind in ■ Tab. 2.1 aufgelistet.

Im Vergleich haben beide Ansätze ihre Berechtigung und können je nach Kontext und Zielsetzung effektiv sein.

Klassisches Lernen eignet sich v. a. dann, wenn definierte Lernziele erreicht und spezifische Kompetenzen vermittelt werden müssen, zum Beispiel in curricularen Kursen oder in fachlichen Weiterbildungen. Curriculare Kurse sind strukturierte Bildungsprogramme, die auf einem festgelegten Lehrplan basieren. Hier geht es um strukturierte Wissensvermittlung, mit dem Ziel, Theorien oder Modelle zu vermitteln. Diese formalen Bildungslehrgänge werden häufig mit einer Kursbestätigung oder einem Zertifikat abgeschlossen.

Agiles Lernen bietet einen flexiblen, anpassungsfähigen und praxisorientierten Ansatz, der besonders in dynamischen und komplexen Umgebungen von Vorteil ist. Durch die iterative Arbeitsweise und ständige Anpassung werden Flexibilität, Partizipation und Innovation gefördert.

So erhalten die Lernenden kontinuierliches Feedback und können ihre Lernstrategien anpassen und auf die Zielerreichung optimieren. Lerninhalte werden dynamisch an aktuelle Anforderungen angepasst und die Lernenden sind aktive Gestalter des Prozesses in Bezug auf Ziel und Lernmittel. Dies führt zu einer Flexibilisierung der Rolle der Lehrenden und Lernenden, wodurch Entscheidungs- und Anpassungsprozesse in Echtzeit unterstützt werden. Insbesondere im Kontext von modernen, sich schnell wandelnden Arbeitswelten haben agile Lernsysteme das Potenzial, schneller auf externe Impulse zu reagieren und die Innovationsfähigkeit der Organisationen zu stärken (Disterer & Daum, 2021).

---

2 Zugegriffen am 12.06.2025.

◧ Tab. 2.1 Klassische Lernmethoden versus. agiles Lernen

Klassische Lernmethoden	Agiles Lernen
Anpassungsfähigkeit	
Im Voraus definierter Lehr- und Zeitplan, beispielsweise bei Schulungen oder Weiterbildungen, kurzfristige Änderungen sind nicht vorgesehen	**Höhere Flexibilität und Anpassungsfähigkeit an aktuelle Bedürfnisse der Lernenden durch kürzere Lerneinheiten und regelmäßiges Feedback der Teilnehmenden**
Bedürfnisorientierung	
Strukturierte Vermittlung von Theorie, relativ unabhängig von den Bedürfnissen der Teilnehmenden aus ihrem beruflichen Alltag, dadurch eher längere Kurseinheiten	**Regelmäßige Iterationen, um auf die Bedürfnisse der Teilnehmenden eingehen zu können. Tendenziell eher kürzere Lerneinheiten, um anschließend die Umsetzung in der Praxis zu ermöglichen**
Kollaboratives Arbeiten	
Kollaboration und Interaktion findet in Einzel-, Gruppenarbeiten statt. Diese entsprechen jedoch häufig nicht den realen Teams im beruflichen Alltag, d. h. die Lernmethoden haben einen hohen Fokus auf individuelles Lernen	Im agilen Setting arbeiten Lernende häufig in Teams oder Gruppen zusammen, um Probleme aus dem beruflichen Alltag zu lösen und voneinander zu lernen
Feedback	
Herkömmliche Lernmethoden beinhalten häufig weniger Feedbackschleifen und finden in wechselnden Gruppen statt	In agilen Lernumgebungen erhalten die Teilnehmenden kontinuierliches Feedback, um ihre Fortschritte zu evaluieren und ihren Lernweg anzupassen. Dafür gibt es strukturierte Gefäße wie Reviews mit den Kunden:innen und Retros über die Zusammenarbeit im Team
Selbstorganisation und Selbstverantwortung	
Planung, Organisation, Ziele der Weiterbildung und Bewertung liegen in der Verantwortung der Kursleitung. Selbstorganisiertes Lernen findet unter Umständen ebenfalls statt, wird jedoch durch die Kursleitung gesteuert	Agiles Lernen fördert die Selbstorganisation und Eigenverantwortung, indem die Lernenden in den jeweiligen Teams ihre Lernziele, die Lernmethoden (E-Learnings, Kurse, Peer-Lernen, Coaching etc.) und die Bewertung selbst bestimmen
Praxisorientierung	
Die Vermittlung von Theorie und Modellen hat einen hohen Anteil an den Lerninhalten. Dabei kann der Kursinhalt durchaus praxisorientiert ausgerichtet sein. Die Problemstellungen sind häufig keine realen Praxisfälle aus dem beruflichen Alltag der Kursteilnehmenden	Beim agilen Lernen steht die Anwendung des erworbenen Wissens auf eine reale Problemstellung im Vordergrund. Das Gelernte wird sofort umgesetzt und kann in der Praxis erprobt werden
Werkzeuge und Technologien	
Klassisches Lernen nutzt traditionelle Lehr- und Lernmaterialien. Beispielsweise Schulungen, Lehrbücher, Skripts, E-Learnings, praktische Übungen, Gruppenarbeiten …	Agiles Lernen nutzt spezifische Instrumente und digitale Tools, um den Lernprozess zu unterstützen. Beispielsweise Kanban Boards, Scrum Boards, Retros, Burn-down-Charts, Backlogs …

2.5.1 Rahmenbedingungen für agiles Lernen

Damit agiles Lernen gelingt, braucht es geeignete Rahmenbedingungen in den Bereichen:
- unterstützende Unternehmenskultur,
- geeignete Teamstrukturen,
- förderliches Mindset der Mitarbeitenden,
- Einsatz geeigneter Technologien.

Stimmen die Rahmenbedingung, dann können die nachfolgenden Aspekte des agilen Lernens wirksam umgesetzt werden. Zusammengefasst aus ◘ Tab. 2.1 sind dies:
- **flexible Lernprozesse**
  Lernprozesse müssen flexibel genug sein, um auf sich ändernde Anforderungen und Umstände reagieren zu können. Dies geschieht durch regelmäßige Iterationen, in denen sich die Teammitglieder:innen die Lernziele selbst setzen und die Lernmethoden selbst organisieren.
- **Feedback-Schleifen**
  Regelmäßiges Feedback hilft, den Lernprozess zu steuern und kontinuierlich zu verbessern.
- **Kollaboration**
  Zusammenarbeit und Austausch von Wissen sind zentrale Elemente des agilen Lernens.
- **Adaptivität**
  Lernende und Organisationen müssen bereit sein, ihre Strategien und Methoden kontinuierlich anzupassen. Dafür braucht es nicht nur eine Vision und Strategie, die auf agiles Lernen Bezug nehmen, sondern eine lernförderliche Unternehmenskultur.

2.5.2 Klassisches Lernen oder agiles Lernen?

Die Stacey-Matrix ist ein Werkzeug, um Komplexität in Projekten zu visualisieren, einzuordnen und den geeigneten Lösungsansatz herauszufinden. Deshalb eignet sie sich gut, um festzulegen, welche Lernmethode sich besser für die Lösungsfindung eignet: klassisches Lernen, agiles Lernen oder ein Mix von beidem?

Die Stacey-Matrix wird oft in einem Diagramm dargestellt, das zwei Achsen hat:
- Auf der Y-Achse wird der Grad der Einigkeit über die Anforderungen abgebildet, d. h. von einig bis uneinig. Hohe Einigkeit über die Anforderungen besteht beispielsweise dann, wenn ein Team an der Implementierung einer neuen Funktion in einer Software arbeitet, die genau spezifiziert ist. Alle Teammitglieder:innen sind sich einig, was die Funktion leisten soll und welche Anforderungen sie erfüllen muss. Geringe Einigkeit über die Anforderungen liegt dann vor, wenn ein Team an der Weiterentwicklung an einer Software arbeitet, bei dem die Zielsetzung noch unklar ist. Es gibt unterschiedliche Meinungen darüber, welche Funktionen entwickelt werden sollen und welche Anforderungen wichtig sind.

2

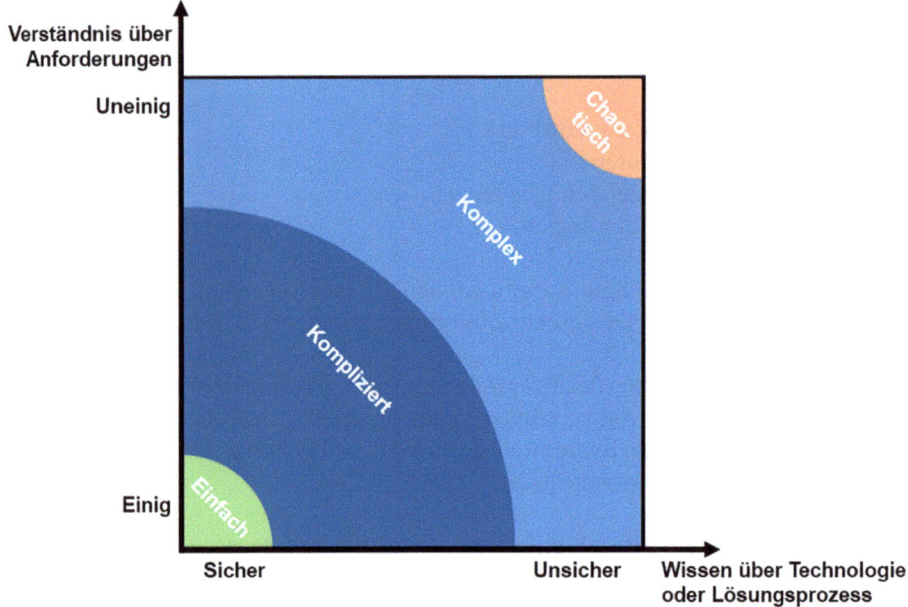

● **Abb. 2.1**   Stacey-Matrix. (Eigene Darstellung, in Anlehnung an Stacey & Mowles, 2016)

— Auf der *X*-Achse wird der Grad der Sicherheit über die Technologie oder den Lösungsprozess, d. h. von sicher bis unsicher abgebildet. Eine hohe Sicherheit über die Technologie/den Lösungsprozess liegt dann vor, wenn ein Team eine bewährte Technologie/Software verwendet, die alle gut kennen und in ähnlichen Projekten zu erfolgreichen Ergebnissen geführt hat. Die Lösung ist vorhersehbar und bereits gut dokumentiert. Geringe Sicherheit über die zu verwendende Technologie/den anzuwendenden Lösungsprozess liegt dann vor, wenn ein Team mit einer neuen, noch nicht vollständig erforschten Technologie experimentiert. Es existieren viele unbekannten Faktoren und Unsicherheiten darüber, wie die Technologie funktionieren wird und welche Probleme auftreten könnten.

Die verschiedenen Bereiche der Matrix wie „einfach", „kompliziert", „komplex" und „chaotisch" werden in ● Abb. 2.1 visualisiert, um die unterschiedlichen Situationen und ihre Merkmale zu verdeutlichen (Stacey & Mowles, 2016).

Auf herkömmliches Lernen/agiles Lernen übertragen ergeben sich die in ● Tab. 2.2 beschriebenen Handlungsempfehlungen (● Tab. 2.2):

Die Stacey-Matrix ist ein wertvolles Werkzeug zur Analyse und Entscheidungsfindung in komplexen Projekten und Situationen. Sie hilft, die Art der Unsicherheit und Komplexität eines Projekts zu evaluieren und daran anschließend geeignete Lernstrategien zu entwickeln. Ein Einsatz der Stacey-Matrix im Rahmen eines Workshops mit dem gesamten Team inklusive Einschätzung der Anforderungen und einzusetzenden Technologien unterstützt die Entscheidung für die am besten passenden Lernstrategien.

▣ **Tab. 2.2**   Entscheidungsmatrix für Lernstrategien

Anforderungen	Technologie	Einschätzung der Herausforderung	Empfohlene Lernstrategie
Klar	Klar	Einfach	Klassische Lernstrategie: Routineaufgaben
Klar	Unklar	Kompliziert	Klassische Lernstrategie: Expertenwissen
Unklar	Unklar	Komplex	Agiles Lernen: kleine Lernschritte, Ziel kann angepasst werden
Unklar	Widersprüchlich	Chaotisch	Hybride Lernstrategie: d. h. eine Verknüpfung von klassischem und agilem Lernen

2.6   Unternehmenskultur: Welche Kultur fördert agiles Lernen?

Mit der Redewendung „Culture eats strategy for breakfast" von Peter F. Drucker wird deutlich, dass die Unternehmenskultur – verstanden als die Summe gemeinsamer Werte, Normen und Verhaltensweisen – oft einen stärkeren Einfluss auf den Erfolg einer Organisation hat als selbst die bestdurchdachte Strategie. Selbst wenn strategische Pläne und Vorgehensweisen exzellent ausgearbeitet sind, können sie scheitern, wenn sie nicht mit der vorherrschenden Kultur in Einklang stehen oder diese sogar ignorieren (Tallman et al., 2023).

Eine Unternehmenskultur, die agiles Lernen fördert, zeichnet sich durch Offenheit, Vertrauen und Transparenz aus. In einer solchen Kultur fühlen sich Mitarbeitende sicher, ihre Ideen und Bedenken zu äußern, und sind bereit, Risiken einzugehen und aus Fehlern zu lernen. Fehlertoleranz ist ein zentraler Aspekt: Fehler werden als Lernchancen betrachtet und nicht als Misserfolge. Dies ermutigt Mitarbeitende, innovative Ansätze auszuprobieren und kontinuierlich zu verbessern.

Ebenfalls entscheidend ist eine Kultur der kontinuierlichen Verbesserung und des lebenslangen Lernens. Organisationen sollten kontinuierliches Lernen und persönliche Entwicklung aktiv fördern und unterstützen. Dies kann durch die Bereitstellung von Zeit und Ressourcen für Weiterbildung, die Teilnahme an Konferenzen und Workshops sowie durch die Anerkennung und Belohnung von Lern- und Entwicklungsbemühungen geschehen.

2.6.1   Lernkulturanalyse: Lernkultur in Organisationen identifizieren

Eine Lernkulturanalyse ist ein ideales Instrument, um die Lernkultur in einer Organisation zu verstehen, zu bewerten und die erwähnten Rahmenbedingungen für das agile Lernen gezielt zu optimieren. Die Analyse kann über ein Team, eine Abteilung oder über die gesamte Organisation erfolgen und wird nach Rollengruppen ausgewertet, beispielsweise Geschäftsleitung, Führungskräfte, Mitarbeitende etc. So ergibt sich ein differenziertes Bild über die Stärken und Entwicklungsbereiche der Lernkultur in einer Organisation.

2.6.2   10 Schritte zur Erfassung der Lernkultur

1. Lernkultur auf den Ebenen Artefakte, Werte/Einstellungen und unhinterfragte Grundannahmen erfassen (Schein & Schein, 2018). Dies kann mittels Beobachtung und/oder Interviews bei Mitarbeitenden oder in Fokusgruppen geschehen.
2. Operationalisieren der Ergebnisse in einem Fragebogen.
3. Lernkulturanalyse starten.
4. Ergebnisse auswerten.
5. Zielbild definieren: beispielsweise „agiles Lernen in Organisation implementieren".
6. Zielbild mit verschiedenen Anspruchsgruppen schärfen und finalisieren.
7. Neue Fokusgruppen bilden und in Workshops Entwicklungsfelder aus der Lernkulturanalyse definieren.
8. Ideen zur Umsetzung generieren.
9. Empfehlenswert: Einführung der Maßnahmen zuerst in einem Piloten testen, optimieren und erst dann ausrollen.
10. Umsetzung fortlaufend überprüfen und nachjustieren.

◘ Abb. 2.2 zeigt die Auswertung einer Lernkulturanalyse bei einer Organisation. Dargestellt werden zuerst die eingeschätzten Bereiche des Lernens aufgeschlüsselt nach den Rollengruppen, wobei das „Selbst" hier für die in der Organisation verantwortliche Person für Bildung steht. Deutlich erkennbar sind die Unterschiede in der

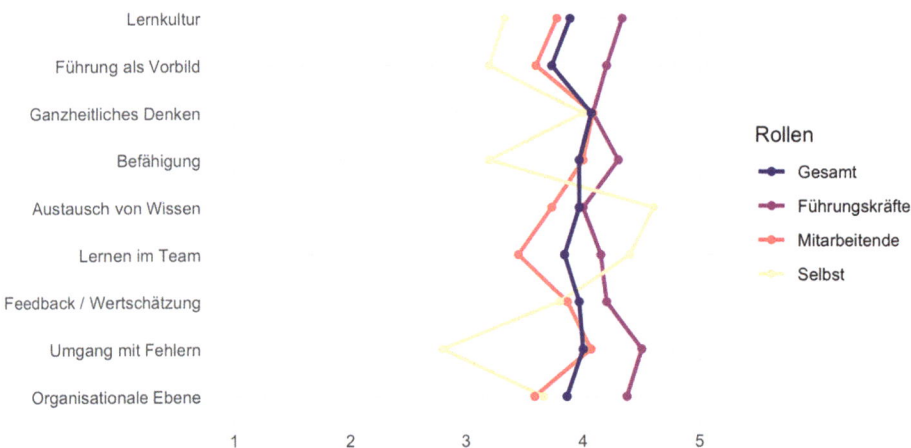

◘ **Abb. 2.2**   Lernkulturanalyse mit Auswertung nach Rollengruppen. (Eigene Darstellung, in Anlehnung an Marsick & Watkins, 2003)

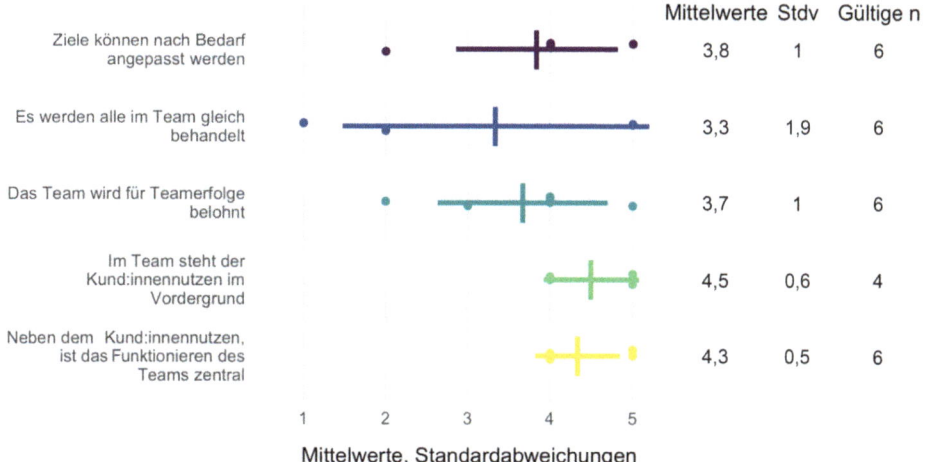

	Mittelwerte	Stdv	Gültige n
Ziele können nach Bedarf angepasst werden	3,8	1	6
Es werden alle im Team gleich behandelt	3,3	1,9	6
Das Team wird für Teamerfolge belohnt	3,7	1	6
Im Team steht der Kund:innennutzen im Vordergrund	4,5	0,6	4
Neben dem Kund:innennutzen, ist das Funktionieren des Teams zentral	4,3	0,5	6

Mittelwerte, Standardabweichungen

🔹 **Abb. 2.3** Detailauswertung zu Lernen im Team. (Eigene Darstellung, in Anlehnung an Marsick & Watkins, 2003)

Wahrnehmung der Lernkultur bei den Aspekten Lernkultur allgemein, Führung als Vorbild (beim Lernen), Lernen im Team und organisationale Ebene (Verankerung und Förderung des Lernens in der Organisation, z. B. mit Zeit, Geld etc.).

🔹 Abb. 2.3 zeigt die Detailauswertung des Bereiches „Lernen im Team". In der Detailauswertung wird erkennbar, wo der Schuh bei diesem Bereich am meisten drückt. So scheint die Zielanpassung noch wenig flexibel zu sein und auch die Gleichbehandlung von Mitarbeitenden wird als ungleich wahrgenommen. Hier reicht die Spanne der Antworten von 1 bis 5, bei einer Standardabweichung von 1,9. Das heißt, es gibt große Unterschiede in der Wahrnehmung und Einschätzung bei dieser Frage. Ebenso werden nach Einschätzung der Teilnehmenden die Teamerfolge nur teilweise belohnt.

2.7 Teams: Was braucht es, damit Teams gemeinsam agil lernen können?

Für agiles Lernen in Teams sind flache Hierarchien und interdisziplinäre Strukturen entscheidend. Flache Hierarchien fördern die Selbstorganisation und schnelle Entscheidungsfindung, da Mitarbeitende mehr Autonomie und Verantwortung für ihre Lernprozesse haben. Bei komplexen Problemstellungen sind crossfunktionale Teams, also Teams aus verschiedenen Bereichen der Wertschöpfungskette in der Organisation, eine gute Basis, um den Austausch von Wissen und Ideen zu fördern und damit effektiv neue Lösungen zu finden.

Selbstorganisierte Teams sind ein weiteres Schlüsselelement. Diese Teams bestimmen ihre eigenen Lernziele und -methoden und arbeiten kollaborativ an Projekten. Regelmäßige Retrospektiven und Feedback-Schleifen helfen den Teams, ihre Lernprozesse kontinuierlich zu verbessern und anzupassen (Pfister & Müller, 2019).

Um herauszufinden, wie ausgeprägt das agile Lernen in einem Team bereits verankert ist, kann der nachfolgende Fragenkatalog genutzt werden, der von allen Teammitglieder:innen ausgefüllt wird und anschließend besprochen wird.

Fragenkatalog zur Einschätzung des Reifegrades „agiles Lernen" auf der Ebene Team

Von Interesse ist, wie das Team die Aspekte Zusammenarbeit, Selbstorganisation, Wertschöpfung und Anpassungsfähigkeit erlebt beziehungsweise einschätzt. Der Fragebogen ist eine Selbstentwicklung und keine wissenschaftliche Einschätzung, er unterstützt die Einführung des agilen Lernens. Durch die Diskussion der Ergebnisse im Team können identifizierte Schwachstellen angesprochen, diskutiert und Lösungen gesucht werden.

Alle Fragen werden auf einer fünfstufigen Likert-Skala eingeschätzt, damit die Antworten gut vergleichbar sind. Dabei steht die 1 für „trifft überhaupt nicht zu", die 3 für „trifft in der Hälfte der Fälle zu" und die 5 für „trifft immer zu":

1. **Zusammenarbeit**

   „In unserem Team arbeiten wir iterativ, d. h. in kleinen Schritten oder sogenannten Baby Steps, damit wir fortlaufende Verbesserungen erreichen."

   „Es gibt regelmäßige Feedback-Runden, in denen wir konstruktiv-kritisch unsere Zusammenarbeit evaluieren."

   „Wenn ich nicht mehr weiterkomme, so unterstützt mich mein Team."

2. **Selbstorganisation**

   „Wir arbeiten selbstorganisiert, d. h., Zielsetzung und Zielerreichung liegt in unseren Händen."

   „Wir gleichen unsere Ziele regelmäßig im Team ab. So stellen wir sicher, dass wir alle auf dasselbe Zielbild hinarbeiten."

3. **Wertschöpfung**

   „Aus meiner Sicht sind wir schneller geworden, d. h., wir lösen Probleme schneller."

   „Die Zufriedenheit von Kunden:innen (interne/externe) hat zugenommen, es gibt weniger Reklamationen."

   „Die Qualität unserer Produkte hat zugenommen, die Anzahl der Reparaturen hat abgenommen."

4. **Anpassungsfähigkeit**

   „Wenn jemand aus unserem Team einen Fehler macht, so analysieren wir die Ursache, um daraus zu lernen."

   „Wir verfügen in unserem Team über regelmäßige Gefäße, um Wissen auszutauschen und zu ergänzen (Brown Bag Lunches, Referate, Working Out Loud, Coachings)."

5. **Offene Frage**

   „Welche Faktoren wirken aus deiner Sicht hemmend, damit das Team aus den Vorteilen des agilen Lernens profitieren kann?"

Ergänzend dazu kann auch mit Fragen zur Erhebung der psychologischen Sicherheit im Team gearbeitet werden. Hier geht es darum.

Die nachfolgenden, nicht abschließenden Maßnahmen helfen anschließend bei der Optimierung des agilen Lernens im Team:

- Von einem agilen Coach moderierte und regelmäßig stattfindende Team-Meetings, in denen die Lernziele und -methoden gemeinsam festgelegt und überprüft werden.
- Zu Beginn wöchentliche oder zweiwöchentlich stattfindende Retrospektiven, bei denen das Team konstruktives Feedback gibt und konkrete Maßnahmen zur Verbesserung der Zusammenarbeit und Lernprozesse festlegen. Beizug eines agilen Coaches sehr empfehlenswert, da zu Beginn konstruktiv-kritisches Feedback ausbleibt.
- Einführung von moderierten „Fuck-up-" oder Fehleranalysen-Events, bei denen Fehler im Team öffentlich geteilt werden und daraus gelernt wird.
- Regelmäßige Durchführung von Brown Bag Lunches oder Einrichtung von „Working-out-loud"-Plattformen.
- …

2.8 Mitarbeitende: Welches Mindset ist hilfreich?

Das Mindset ist ein entscheidender Faktor für den nachhaltigen Erfolg des agilen Lernens. Zentrale Werte sind dabei Offenheit für Veränderungen, Bereitschaft zur kontinuierlichen Verbesserung und die Fähigkeit, aus Fehlern zu lernen. Mitarbeitende sollten proaktiv und selbstmotiviert sein, Verantwortung für ihre eigene Entwicklung übernehmen und bereit sein, neue Ansätze auszuprobieren.

Ein weiteres wichtiges Element ist die Bereitschaft zur Zusammenarbeit und zum Wissensaustausch. Offenheit für konstruktiv-kritisches Feedback an der eigenen Arbeit ist ein unabdingbarer Baustein für gelingendes agiles Lernen. Ein agiles Mindset fördert auch die Fähigkeit, flexibel auf Veränderungen zu reagieren und sich schnell an neue Anforderungen anzupassen.

Um einen Überblick über die verschiedenen Mindsets zu erhalten, lohnt sich wiederum eine Selbsteinschätzung bei den beteiligten Personen. Dies geschieht am einfachsten mit einem kurzen Fragebogen, der nicht nur die Anwendung agiler Methoden abholt, sondern auch das persönliche Mindset erfasst. Besonders im Fokus stehen dabei die Bereitschaft zum Lernen aus Feedback und Fehlern sowie die Zusammenarbeit mit anderen (Pfister & Müller, 2019). Auch hier empfehle ich die Verwendung einer 5-stufigen Likert-Skala wie bei der Einschätzung des Reifegrades des Teams.

Fragekatalog zur Einschätzung des Mindsets auf der Ebene Mitarbeiter:in
1. **Persönlichkeit und Mindset**
   „Fehler sind für mich Chancen, um zu lernen und mich zu verbessern."
   „Ich sehe kontinuierliche Veränderung als notwendige Grundlage für persönlichen und beruflichen Fortschritt."
   „Ich fühle mich persönlich dazu motiviert, neue agile Arbeitsmethoden aktiv auszuprobieren."
   „Ich kann gut umgehen mit persönlicher Kritik."

2. **Reflexion und Feedback**

„Ich nutze Retros (Feedbackrunden zur Zusammenarbeit im Team), um aus abgeschlossenen Projekten zu lernen."

„Ich reflektiere regelmäßig meine Arbeitsprozesse und suche gezielt nach Verbesserungsmöglichkeiten."

„Ich hinterfrage Informationen, die mir im Arbeitsalltag zur Verfügung gestellt werden."

3. **Wissensaustausch und kollaboratives Arbeiten**

„Ich tausche aktiv neue Erkenntnisse und Erfahrungen mit meinen Kolleginnen und Kollegen aus."

„Agile Lernprozesse tragen dazu bei, dass Wissen transparent und teamübergreifend geteilt wird."

4. **Integration agiler Prinzipien**

„Ich habe das Gefühl, dass agile Methoden mein persönliches Arbeitsverständnis positiv beeinflussen."

5. **Offene Frage**

„Kannst du ein Beispiel nennen, bei denen du aufgrund einer Rückmeldung deine Arbeitsweise angepasst oder verändert hast?"

Die nachfolgenden, nicht abschließenden Maßnahmen helfen bei der Optimierung eines agilen Lern-Mindsets auf der Ebene Mitarbeitende:

- Durchführung von Schulungen und Workshops, die sich auf die Entwicklung eines agilen Mindsets konzentrieren. Mögliche Themen: „Gewaltfreie Kommunikation" zur Förderung von kritisch-konstruktiver Kritik, „Feedback-Regeln", „Selbstorganisation, was bedeutet das für mich", „Flexibilität im Arbeitsalltag" …
- Einführung von individuellen Lern- und Entwicklungsplänen, die regelmäßig überprüft und angepasst werden.
- Einführung von „Peer-to-Peer-Lernprogrammen" oder „kollegialen Fallbearbeitungen", in denen Mitarbeitende voneinander lernen und sich gegenseitig unterstützen. Neben dem Wissensaustausch und der Zusammenarbeit wird auch das gegenseitige Problemverständnis erhöht.

Maßnahmen für Teams und Mitarbeitende mit klassischen Lernmethoden verknüpfen

Obwohl agiles Lernen viele Vorteile bietet, ist es wichtig, es mit klassischen Lernmethoden zu verknüpfen, um eine umfassende Lernumgebung zu schaffen. Klassische Lernmethoden wie Vorlesungen, Lehrbücher und strukturierte Schulungen bieten eine solide Grundlage für theoretisches Wissen. Diese Methoden können durch agile Ansätze ergänzt werden, um die praktische Anwendung und kontinuierliche Verbesserung zu fördern.

Ein hybrider Ansatz, der die Stärken beider Methoden kombiniert, kann besonders effektiv sein. Beispielsweise können theoretische Inhalte durch klassische Schulungen vermittelt werden, während praktische Anwendungen und Projekte durch agile Methoden unterstützt werden. Damit wird das notwendige Wissen vermittelt und gleichzeitig die Vorteile des agilen Lernens in der Praxis anwendbar gemacht.

2.9 Agiles Lernen: Methoden und Tools

Agile Methoden haben sich in den letzten Jahren als effektive Ansätze zur Projekt- und Produktentwicklung etabliert. Sie fördern Reflexionsfähigkeit, kontinuierliche Verbesserung und die Einbindung von Feedback von Kunden:innen. Die bekanntesten Methoden sind Scrum, Lean Learning, Kanban und Design Thinking. Sie werden nachfolgend kurz erläutert und mit verschiedenen digitalen Tools verknüpft, die ihre Anwendung unterstützen. Für eine vertiefte Auseinandersetzung mit agilen Methoden sind die Beträge von Pfister und Müller (2019) sowie von Duméril (2019) sehr empfehlenswert.

▪ Scrum

Die Scrum-Methode ist ein Framework für agile Produktentwicklung und agiles Projektmanagement. Sie liefert eine klare Struktur, Rollen wie Product Owner, Scrum Master und Entwicklungsteam. Die Scrum-Methodik besteht aus klar definierten Arbeitsprozessen für die autonome Zusammenarbeit in Teams nach agilen Prinzipien wie Sprints, Daily Stand-ups, Sprint Reviews und Retrospektiven. Ursprünglich aus der Softwareentwicklung kommend, wird Scrum zunehmend auch in Nicht-IT-Bereichen eingesetzt.

▪ Tools für Scrum

Jira ist ein weitverbreitetes Tool zur Verwaltung von Scrum-Projekten, das die Erstellung und Verwaltung von Backlogs, Sprints und Aufgaben ermöglicht. **Padlet** fungiert als digitales Pinnwand-System. So können Inhalte wie Texte, Bilder, Links und Videos auf einer gemeinsamen Plattform gesammelt und organisiert werden. Die gemeinsam geteilte Benutzeroberfläche und die Möglichkeit, in Echtzeit zusammenzuarbeiten, fördern dabei Kreativität und Teamarbeit.

▪ Lean Learning

Lean Learning ist eine Methode, die darauf abzielt, Verschwendung zu minimieren und den Wert für den Kunden:in zu maximieren. Sie basiert auf den Prinzipien des Lean Managements und fördert kontinuierliche Verbesserung und Lernen durch Experimente und Feedback.

▪ Tools für Lean Learning

Miro ist ein Online-Whiteboard, das die Zusammenarbeit und das Brainstorming im Team unterstützt und Lean-Methoden wie Wertstromanalysen und Kanban Boards integriert.

LeanKit wurde speziell für das Lean-Management entwickelt und ermöglicht die Visualisierung von Arbeitsprozessen und die Identifizierung von Engpässen.

▪ Kanban

Kanban ist eine Methode zur Visualisierung und Steuerung von Arbeitsprozessen. Sie basiert auf der Verwendung von Kanban Boards, die den Arbeitsfluss visualisieren und Engpässe identifizieren. Kanban fördert die Transparenz über zu erledigende Aufgaben, zeigt die Verantwortlichen für übernommene Arbeiten und funktioniert nach dem Pull-Prinzip, d. h., die Teammitglieder:innen wählen die zu erledigenden Aufgaben selbst.

2

- **Tools für Kanban**

Miro kann ebenfalls für digitale Kanban Boards eingesetzt werden und erlaubt vielfältige Einsatzmöglichkeiten inklusive zur Verfügung gestellte Templates. Noch zu erledigende Aufgaben werden visualisiert und können anschließend bis zur Erledigung verfolgt werden.

- **Design Thinking**

Design Thinking ist ein nutzer:innenzentrierter Ansatz zur Lösung komplexer Probleme und zur Entwicklung innovativer Lösungen. Es umfasst fünf Phasen: Verstehen, Definieren, Ideenfindung, Prototyping und Testen. Design Thinking fördert Kreativität und Empathie für Nutzerinnen und Nutzer.

- **Tools für Design Thinking**

Miro oder Padlet eignen sich hierfür ebenfalls und ermöglichen die Durchführung von Design-Thinking-Workshops.

Fazit

Der Einsatz geeigneter Technologien unterstützt das agile Lernen und hilft bei der Transparenz von Prozessen, Aufgaben und Verantwortlichkeiten. Agile Methoden wie Scrum, Lean Learning, Kanban und Design Thinking bieten flexible und effektive Ansätze zur Projekt- und Produktentwicklung. Mithilfe der digitalen Tools wird die Zusammenarbeit auch bei virtuellen Teams sichergestellt und die Effizienz in Teams gesteigert. Mit einer durchdachten Kombination von agilen Methoden und digitalen Tools können Arbeitsprozesse optimiert, transparent gestaltet und die Adaption für neue Lösungen gesteigert werden.

Kurzumfragen mit ein bis drei Fragen können mithilfe von Apps erhoben werden. Dafür eignen sich wöchentliche Stimmungsbarometer, die zum Beispiel mit Emojis beantwortet werden. So kann die aktuelle Arbeitsatmosphäre oder persönliches Wohlbefinden abgeholt und Unterstützungsbedarf transparent gemacht werden. Lernprozesse können flexibler angepasst werden. Mit Tools wie SurveyMonkey oder Google Forms können detaillierte Umfragen zu verschiedenen Aspekten der Zusammenarbeit eingeholt werden und Lernfortschritte identifiziert werden. Mobile Lernplattformen und Apps unterstützen das Lernen unabhängig von Ort und Zeit und bieten den Mitarbeitenden Zugang zu Lernressourcen jederzeit und überall.

- **Best Practice für eine erfolgreiche Implementierung von agilem Lernen**

Die Implementierung von agilem Lernen in Organisationen erfordert eine sorgfältige Planung und die Einbindung aller relevanten Stakeholder:innen. Sehr empfehlenswert sind eine schrittweise Einführung und der Beizug von externen oder internen Coaches, die auf die Einhaltung der Rituale (Retros, Reviews, Dailys, Weeklys, Zielsetzung etc.) achten. Bis agiles Lernen bei Mitarbeitenden und Führungskräften verankert ist, braucht es Zeit, Geduld und resiliente Coaches, die immer wieder hartnäckig nachfassen. Abhängig von der Ausgangssituation, der Bereitschaft zur kulturellen Veränderung und dem Vorhandensein unterstützender Technologien kann die Implementierung über mehrere Monate bis Jahre dauern. Jungclaus et al. (2020) erwähnen eine Dauer von drei Jahren, bis agile Lernkonzepte vollständig in operativen Prozessen verankert sind. Damit die Implementierung gelingt, sind die folgenden fünf Schritte entscheidend:

1. **Bedarfsanalyse**

    Hier werden der Bedarf und die Ziele der Organisation in Bezug auf agiles Lernen ermittelt. Dies erfolgt mit der Durchführung von Workshops und Interviews mit Mitarbeitenden und Führungskräften, um die aktuellen Herausforderungen und Lernbedürfnisse zu identifizieren.

2. **Stakeholder-Engagement**

    Ein wichtiger Punkt ist die Einbindung aller relevanten Anspruchsgruppen, um Unterstützung und Akzeptanz zu gewährleisten. Dazu gehören, je nach Bedarf, auch externe Kunden:in, die bei den Reviews eine wichtige Rolle spielen. Um Akzeptanz zu erreichen, empfehlen sich hier regelmäßige Meetings und Informationsveranstaltungen, um die Vorteile und den Nutzen von agilem Lernen zu kommunizieren.

3. **Pilotprojekte**

    Der Start mit kleinen Pilotprojekten (siehe auch Kapitel Lernkulturanalyse: 10 Schritte zur Erfassung der Lernkultur) gibt die Möglichkeit, erste Erfahrungen zu sammeln. Mit der Auswahl eines kleinen Teams oder einer Abteilung, die als Pilotgruppe agiert, werden agile Lernmethoden wie Scrum oder ein Kanban Board eingeführt. Anschließend können passende Optimierungen vorgenommen werden.

4. **Schulung und Training**

    Die Mitarbeitenden brauchen das entsprechende Wissen, um agile Methoden, das entsprechende Mindset und Prinzipien des agilen Lernens zu verstehen. Dies geschieht mit Trainings und Workshops. Ebenfalls ist es wichtig, Mitarbeitende für die entsprechenden Rollen zu schulen, beispielsweise zu Product Ownern oder Scrum Mastern bei der Scrum-Methodik.

5. **Kontinuierliche Kommunikation**

    Wie bei allen Veränderungsprozessen ist eine regelmäßige Kommunikation über Erfolge und Herausforderungen unerlässlich. Dies kann mit der Etablierung von spezifischen Kommunikationskanälen wie regelmäßigen Info-Meetings, Newsletter und Intranet-Updates erfolgen.

Die Institut-für-Angewandte-Psychologie-Studie (IAP-Studie) zur Agilität in der Schweiz aus dem Jahre 2019 gibt wertvolle Einblicke zur Best Practice bei der Einführung von Agilität (Majkovic et al., 2019). Bei allen drei Unternehmen wurden unterschiedliche Schwerpunkte bei der Einführung von agilem Lernen gewählt.

■ Best Practice bei der Swisscom AG, Bern: Top-down-Ansatz

Das Topmanagement identifizierte drei zentrale Hebel: Agilität als Form der Führung und Zusammenarbeit, Orientierung auf Bedürfnisse der Kunden:innen und Simplicity. Diese Hebel wurden klar kommuniziert und das Management fungierte als Vorbild. Workshops und Schulungen wurden organisiert, um die Mitarbeitenden auf die Veränderungen vorzubereiten.

- **Best Practice bei Kistler Messtechnik und Sensoren AG, Winterthur: Bottom-up-Ansatz**

Die Einführung von Scrum bei der Kistler Instrumente AG startete auf der Ebene der Mitarbeitenden und Teams. Hier wurden zunächst Pilotprojekte in der Softwareentwicklung gestartet. Die Mitarbeitenden wurden so aktiv in den Veränderungsprozess einbezogen und ihre Rückmeldungen wurden kontinuierlich berücksichtigt. Dies förderte die Akzeptanz und das Engagement der Mitarbeitenden.

- **Best Practice bei Liip AG, Zürich: Bedeutung einer Kultur der Transparenz und des Lernens aus Fehlern**

Liip lebt eine Vertrauenskultur mit viel Transparenz. So stehen beispielsweise alle Kennzahlen der Unternehmen allen Mitarbeitenden zur Verfügung und das betrifft auch die Lohndaten. Alle Mitarbeitenden können die Löhne anderer Mitarbeitenden bis hin zur Geschäftsleitung einsehen.

Neben der starken Vertrauenskultur wird bei Liip eine offene Fehlerkultur gelebt, wobei sich Mitarbeitende mit Formaten wie „Best Practices" und „Lessons learned" regelmäßig weiterbilden können.

Fazit

Das agile Lernen stellt sowohl für Mitarbeitende als auch für Führungskräfte erhebliche Herausforderungen dar. Für Führungskräfte entstehen Unsicherheiten bei der neuen Rolle und Verantwortlichkeiten. Auch der Verlust von Status, Privilegien und Macht erzeugt Widerstände, denen Beachtung geschenkt werden muss.

Ganz allgemein erzeugen die neue Art des Zusammenarbeitens und die Transparenz über Arbeitsprozesse und Fehleranalyse Unsicherheiten bei den Mitarbeitenden. Eine klare Kommunikation, die Einbindung aller relevanten Stakeholder und die Etablierung einer positiven Fehlerkultur sind entscheidend, um diese Herausforderungen zu bewältigen.

2.10 Den Erfolg von agilem Lernen messen

Die Messung valider Erfolgsfaktoren für agiles Lernen ist schwierig. Erhebungen mit Fragebogen basieren auf Selbsteinschätzungen und dementsprechenden Verzerrungseffekten. Konstrukte wie Motivation und Engagement sind schwierig zu erfassen. Durch die kontinuierliche Adaption der Lernprozesse wird es anspruchsvoll, allgemeingültige Erfolgsfaktoren zu definieren.

All diesen Einschränkungen zum Trotz gibt es Möglichkeiten, die Fortschritte agilen Lernens einzuschätzen, indem man konkrete Praxiserfahrungen erhebt.

Wenn Umfragen zu verschiedenen Zeitpunkten durchgeführt werden, ergeben sich aus den Veränderungen Hinweise, wo Entwicklungsbedarf besteht. Dafür können die Lernkulturanalyse (s. a. ▶ Abschn. 2.4) sowie die Selbsteinschätzungs-Fragebogen für Teams/Mitarbeitende (siehe ▶ Abschn. 2.5 und 2.6) genutzt werden. Neben diesen Bereichen können auch andere Aspekte des agilen Lernens spezifisch mittels Fragebogen abgefragt werden, z. B. die Anzahl der Produktinnovationen, Time-to-Market und die Anzahl der Beschwerden/Rückfragen.

Nachfolgend zwei Beispiele, wie in der Praxis versucht wird, Erfolgsfaktoren für agiles Lernen zu erheben.

Beispiel 1: Gesundheitswesen, Erfolgsfaktoren Ausbildungsstation Lindenhofgruppe AG, Bern

Hirt und Ryser (2025) untersuchten in ihrer Studie die Auswirkungen auf verschiedene Kompetenzen von Lernenden, die während ihrer Ausbildung sechs Monate in einem agilen Lern-Setting gearbeitet haben. Ziel der Studie war es herauszufinden, wie Lernende und Führungspersonen die Kompetenzen im anschließenden Berufseinstieg beurteilen.

Im Gegensatz zu einem traditionellen Ausbildungsmodell übernehmen die Lernenden in der Ausbildungsstation der Lindenhofgruppe die Führung einer Organisationseinheit. Sie sind verantwortlich für die Pflege der Patientinnen und Patienten sowie für die Planung und die Organisation der Station. Die Unterstützung und Überwachung sind durch Berufsbildende gewährleistet. Sie üben ihre Rolle im Sinne von Mentor:innen/Coaches aus. Die Lernenden arbeiten eng mit anderen Berufsgruppen zusammen (Stichwort crossfunktionale Teams). Sie lernen innerhalb ihrer Peer Groups und sind angehalten, selbst nach Antworten und Lösungen zu suchen. Zudem arbeiten während des Pilotprojekts zwei Mal pro Woche Lehrpersonen des Berner Bildungszentrums für Pflege direkt mit den Studierenden in der praktischen Ausbildung zusammen. Dadurch wird der Transfer zwischen Theorie und Praxis gefördert und gestärkt. Die täglichen Wissens-Inputs, die die Studierenden und die Lehrpersonen zu definierten Situationen von Patientinnen und Patienten erhalten, stehen dem gesamten Behandlungsteam zur Verfügung. So profitiert das ganze Team vom Modell der Ausbildungsstation. Im Zentrum der qualitativen Überprüfung – die als Interview durchgeführt wurde – standen die Kompetenzen „Selbstständigkeit", „Planungs- und Organisationskompetenz", „Problemlösungskompetenz", „Praktische und analytische Denkfähigkeit (Critical Thinking)", „Transferkompetenz von Theorie zu Praxis", „Sicherheitsgefühl bei der Arbeit", „Resilienz" und „Feedbackkompetenz". In der Ergebnisauswertung der Lernenden ergaben sich für alle Kompetenzen teilweise deutliche Mehrwerte beim Modell Ausbildungsstation. Bei der Ergebnisauswertung der Führungspersonen sind die Ergebnisse gemischter, aber für die Hälfte der Auswertungen werden ebenfalls positive Auswirkungen genannt.

Hirt und Ryser (2025). Berufseinstieg in den Pflegeberuf. Modell Ausbildungsstation versus traditionelles Ausbildungsmodell (unveröffentlichte Masterarbeit). Zürcher Hochschule für Angewandte Wissenschaften, Institut für Angewandte Psychologie, Zürich, Schweiz.

Beispiel 2: Messung von Erfolgsfaktoren durch McKinsey, 2020

McKinsey führte im Oktober 2020 eine globale Studie durch, mit der die Auswirkungen von Agilität gemessen wurden. Daran teilgenommen haben 2190 Personen aus verschiedenen Branchen, Unternehmensgrößen und Regionen. Die Mehrheit der Befragten waren Personen aus dem Segment höheres Management oder Senior Management.

◘ Abb. 2.4 zeigt die Ergebnisse der McKinsey-Studie (2020) bei erfolgreich ein-geführten agilen Methoden (eigene Abbildung).

Die beiden Studien sind zwar nicht direkt vergleichbar, dennoch zeigen die Ergeb-nisse positive Effekte in den erwarteten Bereichen des agilen Lernens, beispielsweise bei den Bereichen Wertschöpfung, Selbstorganisation, Anpassungsfähigkeit und in-direkt beim kollaborativen Arbeiten.

Obwohl die Messung von Erfolgsfaktoren bei agilem Lernen eine komplexe Auf-gabe ist, lohnt sich der Aufwand, Lerneffekte einzuschätzen. Die Ergebnisse aus den beiden Studien zeigen positive Effekte für den Umgang mit komplexen Problem-stellungen und die damit verbundenen Herausforderungen an eine schnelle Anpas-sungsfähigkeit. Sozusagen als Nebeneffekt resultiert durch die regelmäßige Überprü-fung der Erfolgsfaktoren eine kontinuierliche Optimierung der bestehenden Lern-prozesse. Was ganz im Sinne des agilen Lernens ist!

> **Fazit**
> Die erfolgreiche Implementierung agilen Lernens in einer Organisation erfordert eine unterstützende Unternehmens- oder Lernkultur, geeignete Teamstrukturen, ein förder-liches Mindset der Mitarbeitenden und den Einsatz geeigneter Technologien. Damit werden Kompetenzen wie Veränderungsbereitschaft und Selbstorganisation auf orga-nisationaler Ebene als auch auf individueller Ebene gefördert. Durch die Verknüpfung agiler und klassischer Lernmethoden können Organisationen eine umfassende und ef-fektive Lernumgebung schaffen, die den Anforderungen moderner, dynamischer Arbeitswelten gerecht wird.

| 5 bis 10x schnellere Lösungsfindung | Kundenzufriedenheit um 30% gesteigert | 30% Punkte erhöhtes Mitarbeitenden-Engagement | 30% Steigerung der Effizienz |

◘ **Abb. 2.4**   Ergebnisse McKinsey-Studie. (Eigene Darstellung)

Literatur

Blum, U., Gabathuler, J., Bajus, S. (2021). *Weiterbildungsmanagement in der Praxis* (1. Aufl.). Springer.

Bruch, H. (2023). 7.7., *6 Fragen an die St. Galler „Architektin der neuen Arbeitswelt" Prof. Dr. Heike Bruch.* Universität St. Gallen. https://cdi.unisg.ch/de/newsuebersicht/detail/news/6-fragen-an-die-stgaller-architektin-der-neuen-arbeitswelt-prof-dr-heike-bruch/?_gl=1*syoxul*_ga*MjEzMzI0M-TEwMS4xNzQxOTYyMzQ1*_ga_7922V2GZ7C*MTc0MTk2MjM0My4xLjEuMTc0MT-k2MjQ2NS4xNy4wLjE2MzU3NDI5NDI5MjI. Zugegriffen am 12.06.2025.

Disterer, G., & Daum, A. W. (2021). Agilität nimmt weiter Fahrt auf im Projektmanagement. Wirkungen in der Weiterbildung und bei der Zertifizierung. *Projektmanagement Aktuell, 32*(2). https://doi.org/10.24053/pm-2021-0030

Duméril, J.-C. (2019). Agility Suitability Check. Agile Methoden am richtigen Ort einsetzen. In C. Negri (Hrsg.), *Führen in der Arbeitswelt 4.0.* Springer-Verlag.

Hauptmann, M., & Waldner, T. (2018). *Organisation neu denken – Flexible Organisationsmodelle für das digitale Zeitalter.* Deloitte Consulting GmbH. https://bc.pressmatrix.com/de/profiles/98fd840b34a7/editions/3ad6da936038c31edb57. Zugegriffen am 12.06.2025.

Hirt, A., & Ryser, A. (2025). *Berufseinstieg in den Pflegeberuf. Modell Ausbildungsstation versus traditionelles Ausbildungsmodell* (unveröffentlichte Masterarbeit). Zürcher Hochschule für Angewandte Wissenschaften, Institut für Angewandte Psychologie.

Jungclaus, J., Arndt, P. A., & Bauer, A. (2020). Begleitung will gelernt sein – Qualifizierungskonzept für die Rolle der methodischen Begleitung. In *Agiles Lernen Im Unternehmen* (S. 119–126). Springer-Verlag. https://doi.org/10.1007/978-3-662-62013-7_13

Majkovic, A.-L., Gundrum, E., Benz, S. M., Dsula, N., & Huber, R. (2019). *IAP Studie 2019. Agile Arbeits- und Organisationsformen in der Schweiz. Ergebnisse der qualitativen Interviews.* IAP Institut für Angewandte Psychologie der ZHAW Zürcher Hochschule für Angewandte Wissenschaften.

Marsick, V. J., & Watkins, K. E. (2003). Demonstrating the value of an organization's learning culture. The dimensions of the learning organization questionnaire. *Advances in Developing Human Resources, 5*(2), 132–151.

McKinsey. (2020). URL: The impact of agility: How to shape your organization to compete | McKinsey. Zugegriffen am 12.06.2025.

Pfister, A., & Müller, P. (2019). Psychologische Grundlagen des agilen Arbeitens. In C. Negri (Hrsg.), *Führen in der Arbeitswelt 4.0.* Springer-Verlag.

Ruse, M. (2012). Science and values: My debt to Ernan McMullin. *Zygon: Journal of Religion and Science, 47*(4). https://doi.org/10.1111/j.1467-9744.2012.01287.x

Schein, E. H., & Schein, P. (2018). *Organisationskultur und Leadership* (5. Aufl.). Verlag Franz Vahlen.

Senge, P. M, Klostermann, M., & Freundl, H. (2021). *Die fünfte Disziplin : Kunst und Praxis der lernenden Organisation,* 11. Aufl. Freiburg: Schäffer-Poeschel Verlag für Wirtschaft Steuern Recht GmbH.

Simon, W. (2002). Lernende Organisation. *Zeitschrift für wirtschaftlichen Fabrikbetrieb, 97*(11), 592–593. https://doi.org/10.3139/104.100591

Stacey, R. D., & Mowles, C. (2016). *Strategic management and organisational dynamics: The challenge of complexity to ways of thinking about organisations* (7. Aufl.). Pearson Education.

Tallman, S., Shenkar, O., & Wu, J. (2023). ‚Culture eats strategy for breakfast': Use and abuse of culture in international strategy research. *Strategic Management Review, 4*(2), 193–229. https://doi.org/10.1561/111.00000057

Lernen ausrichten – vom Bedarf über die Zielgruppe zu den Kompetenzen

Urs Blum

Inhaltsverzeichnis

Im Sinne der Einfachheit wird im Text der Begriff Lernende für alle Personen in einem Lernangebot verwendet. Teilnehmende, Zielgruppe, Mitarbeitende, Studierende oder Kundinnen und Kunden eines Trainings sind dabei mitgemeint.

© Springer-Verlag GmbH Deutschland, ein Teil von Springer Nature 2025
U. Blum et al. (Hrsg.), *Weiterbildungsmanagement in der Praxis: Bildungsangebote entwickeln*,
https://doi.org/10.1007/978-3-662-71793-6_3

3

Lernziele

Nach dem Erarbeiten dieses Kapitels sind Sie in der Lage:

- die Eigenschaften der Zielgruppe sowie den daraus resultierenden Bedarf zu ermitteln,
- methodische Ansätze im Umgang mit Heterogenität der Lerngruppe im eigenen Anwendungsfeld auszuprobieren,
- den Soll-Zustand im Entwicklungsfeld zu ermitteln,
- aus der Diskrepanz zwischen dem Ist- und dem Soll-Zustand die zu entwickelnden Kompetenzen abzuleiten.

3.1 Anwendungsfeld, Lernende und Kompetenzen

Im Kern geht es beim Design von Lernangeboten darum, einen Weg zu entwerfen, der es den Lernenden ermöglicht, ausgehend von ihrem Standpunkt sich in Richtung eines Ziels zu bewegen. In diesem Kapitel werden Einflussfaktoren und Methoden beschrieben, die zu einem wirkungsvollen Learning Design beitragen.

Jedem Lernangebot liegt ein Bedarf zugrunde. Der Bedarf stammt aus der Praxis oder anders formuliert dem Anwendungsfeld. Er manifestiert sich bei der Zielgruppe der betroffenen Personen oder den zukünftigen Lernenden. Der Bedarf kann innerhalb der Zielgruppe unterschiedlich ausfallen, abhängig zum Beispiel vom Vorwissen oder von der Erfahrung der einzelnen Personen. Der Bedarf selbst ist aus dem Status quo, aus der Ist-Situation erwachsen. Gleichzeitig lässt sich aus dem Bedarf auch ein erwünschter Zustand ableiten, den man als Soll-Zustand bezeichnen kann. Dieser skizziert das angestrebte Lernergebnis, sei es auf der Ebene Wissen oder Verhalten. Die Lücke, die sich zwischen dem Soll- und dem Ist-Zustand auftut, gilt es durch das Lernangebot zu schließen. Ein erster Schritt hierbei ist die Definition von Kompetenzen, kraft derer die Teilnehmenden in der Lage sein werden, den angestrebten Zielzustand zu erreichen. Auf Basis dieser Überlegungen kann danach das Learning Design mit den Zielen und den didaktischen und methodischen Entscheidungen entwickelt werden (siehe ◘ Abb. 3.1).

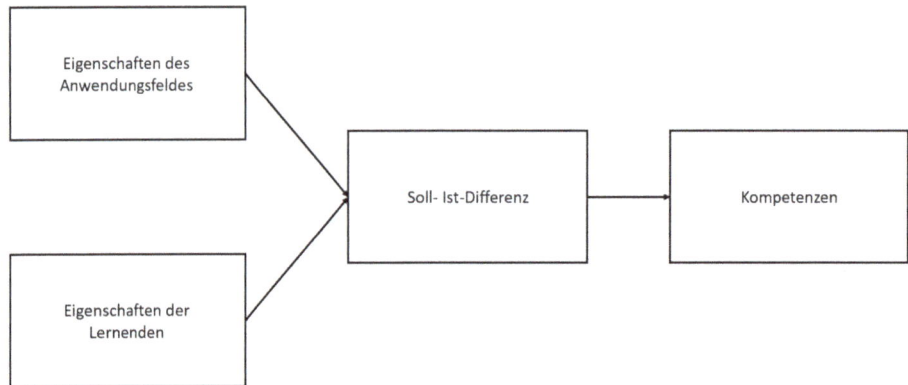

◘ **Abb. 3.1**   Vom Anwendungsfeld und den Lernenden zu den Kompetenzen. (Eigene Darstellung, in Anlehnung an Grossman & Salas, 2011)

3.2 Der Bedarf: Was soll anders werden?

Wenn wir Lernen als Veränderung verstehen, so steht am Anfang jedes Lernprozesses ein Grund für Veränderung. Dies kann auf individueller Ebene ein Problem sein, welches wir mit unseren bestehenden Wissensstrukturen nicht zu lösen vermögen. Oder es handelt sich um einen neuen Anspruch an Wissen oder Verhalten, nachdem sich unsere Kompetenzen verfestigt haben und sich somit eine gewisse Routine oder Habituation eingestellt hat. Denkbar ist auch ein Einfluss aus dem sozialen Miteinander, beispielsweise durch eine Person, die ein Verhalten zeigt, das für uns erstrebenswert scheint. Im Modell des informellen Lernens von Julia Marsick und Karen Watkins (Marsick & Watkins, 2018) werden solche Anlässe als Hinweisreize bezeichnet. Diese lösen einen Veränderungsdruck aus und stehen damit am Anfang des informellen Lernprozesses. Der größte Teil des lebenslangen Lernens findet in Form von informellen Lernprozessen statt (zur Bedeutung von informellen Lernprozessen s. Blum, 2021).

Auf der Ebene von Organisationen gibt es eine Vielzahl von Anlässen, die nicht von der lernenden Person selbst, sondern vom System ausgehen. Diese Anlässe können von Problemstellungen aus dem Arbeitsalltag, von regulatorischen Anforderungen oder von Veränderungen von Strategie, Struktur oder Kultur einer Organisation ausgehen.

3.2.1 Eigenschaften des Anwendungsfeldes

Einen guten Überblick über mögliche Ebenen von Veränderung in Organisationen bietet das Modell des soziotechnischen Systems (Jörg & Steiger, 2019). Das Modell des soziotechnischen Systems zeigt das Zusammenspiel und das Spannungsfeld zwischen dem sozialen Element, den Menschen, und dem technischen Element, den Prozessen, in einer Organisation. Organisationen haben einen Existenzgrund, die Ursache, weshalb es die Organisation gibt. Aus dem Existenzgrund lässt sich die primäre Aufgabe ableiten, die Kernaufgabe der Organisation. Innerhalb der Organisation gibt es ausrichtende Elemente wie Visionen, Strategien und Ziele sowie auch ordnende Elemente wie Prozesse und Strukturen. Und es manifestieren sich in einem Organisationssystem Verhaltensweisen, die weder in Regeln noch Prozessen explizit festgehalten wurden. Diese Verhaltensweisen geben einen Hinweis auf die Kultur einer Organisation. Schließlich gibt es eine Systemgrenze zur Umwelt, anhand derer das Innen und Außen der Organisation definiert wird (für detaillierte Ausführungen zum soziotechnischen System s. Jörg & Steiger, 2019; siehe ◘ Abb. 3.2).

Der Bedarf für Veränderung kann von jedem der Elemente aus dem soziotechnischen System kommen. So können Veränderungen außerhalb der Organisation wie eine veränderte Marktsituation, Fachkräftemangel oder regulatorische Vorgaben einen Anlass darstellen. Gleichzeitig können Entwicklungen innerhalb der Organisation, wie eine Anpassung der Strategie, neue Prozesse oder die Entwicklung der Unternehmenskultur den Ausgangspunkt von Veränderung markieren. Die Beispiele machen deutlich, dass in komplexen Systemen stets mehrere Ebenen, Ursachen und Wirkungen interagieren. In jedem Fall bedeutet der Bedarf an Veränderung eine Abkehr des Status quo. Daraus entsteht eine Diskrepanz im System zwischen

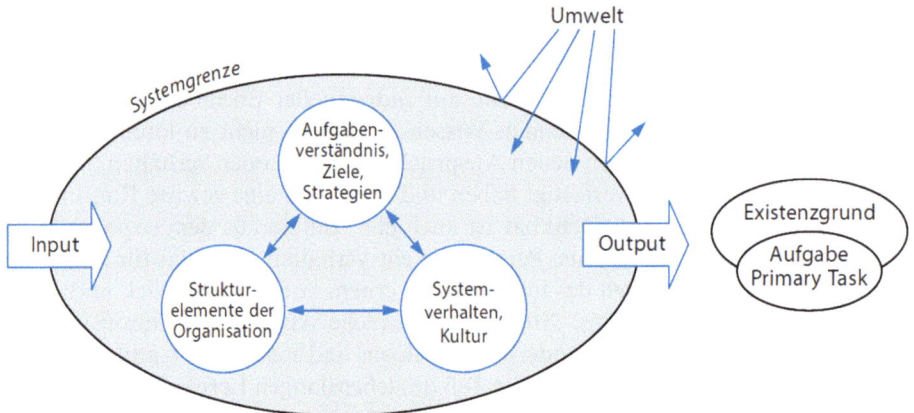

🔵 Abb. 3.2 Soziotechnisches System. (Jörg & Steiger, 2019)

dem aktuellen Verhalten und dem zukünftig erwarteten Verhalten. Kurzum, es entsteht Entwicklungsbedarf.

Wenn es um Lernen in Organisationen geht, so haben die beschriebenen Elemente einen Einfluss auf den Lernprozess. Eine Möglichkeit, diesen Einfluss zu veranschaulichen, bietet die Betrachtung der Lernkultur einer Organisation. Die Lernkultur umfasst alle Aspekte eines Unternehmens, die mit Lernen verbunden werden. Die Lernkultur ist damit der „Ausdruck des Stellenwertes, der Lernen im Unternehmen zukommt" (Sonntag et al., 2004). Gemäß Gabathuler und Kornfeind (2023) zeichnet sich eine agile Lernkultur insbesondere dadurch aus, dass Lernen und Arbeiten nicht getrennt voneinander gedacht werden.

3.2.2 Eigenschaften der Lernenden

Die Orientierung an den Lernenden im gesamten Lernprozess ist ein wesentlicher Wirkfaktor im Lernfeld (Sandmeier et al., 2018). Die Lernenden als Anspruchsgruppe sind Individuen mit unterschiedlichen Erfahrungen, Vorwissen und Werten. Diese Unterschiedlichkeit oder Heterogenität zeigt sich auf mehreren Ebenen und Dimensionen. Mögliche Dimensionen von Heterogenität werden in 🔵 Tab. 3.1 erläutert.

Heterogenität ist in jeder Lerngruppe vorhanden. Ob Heterogenität im Lernprozess als Hindernis oder als Verstärker wirkt, hängt vom Umgang mit ihr ab. Grundsätzlich ist es sinnvoll, sich im Vorfeld während der Design-Phase Gedanken zu möglichen Dimensionen von Heterogenität in der Lerngruppe zu machen. Welche Unterschiede in der Gruppe können einen Einfluss auf den Lernprozess haben? Ebenfalls lohnt es sich zu überlegen, wie es methodisch gelingen kann, Heterogenität in der Gruppe sichtbar zu machen und im Lernprozess zu nutzen.

Tab. 3.1   Formen der Heterogenität

Dimension	Einflussfaktoren
Vorwissen	• Formelle Aus- und Weiterbildung • Informelles Lernen im Alltag On the Job
Erfahrung	• Praxis in der Anwendung • Kontakt mit dem Thema über die bisherige Berufspraxis • Zugang zu Personen mit einem Vorsprung an Erfahrung
Bedarf	• Betroffenheit: Kontakt mit dem Thema in der eigenen Rolle • Persönliches Problembewusstsein • Push-Faktoren: Grad des Bedarfs in der eigenen Rolle
Psychologischer Vertrag	• Pull-Faktoren: eigenes Interesse am Thema • Offenheit gegenüber dem Thema • Grad der Freiwilligkeit • Frühere Erfahrungen mit dem Thema oder der Methode
Anwendungsmöglich-keiten	• Gelegenheit, die Kompetenzen im Alltag anzuwenden • Offenheit im Arbeitsumfeld, neue Erkenntnisse auszuprobieren • Ressourcen (Zeit und kognitive Kapazität), um neues Verhalten aus-zuprobieren

Heterogenität im Lernprozess nutzen

Unterschiede zwischen Lernenden und Lernergebnisse können den Lernprozess positiv beeinflussen, sofern es gelingt, sie aktiv zu nutzen. In der Folge wird eine Struktur beschrieben, die sich auf alle Formen der Heterogenität anwenden lässt. Zur Veranschaulichung wird folgendes Beispiel verwendet: Nach einem Auftrag in Kleingruppen kommen die einzelnen Gruppen mit unterschiedlichen Lösungsansätzen zurück ins Plenum:

1. Erkennen – Unterschiede sichtbar machen:
   - Wie unterscheiden sich die einzelnen Lösungen im Ergebnis?
   - Welche Unterschiede gibt es im Vorgehen?
2. Vertiefen – Potenziale und Lernfelder entdecken:
   - Was macht den Ansatz der Gruppe einzigartig?
   - Was ist die Stärke des jeweiligen Vorgehens?
   - Welche Schwächen können wir erkennen?
   - Auf was verzichtet dieser Ansatz?
3. Anwenden:
   - Wenn wir die verschiedenen Stärken kombinieren würden, wie sähe der Lösungsansatz aus?
   - Welche Erkenntnis habe ich aus den verschiedenen Perspektiven gewonnen?

Diese Fragen können gemeinsam nach dem Vorstellen der einzelnen Lösungsansätze besprochen werden.

3.2.2.1 Explanation Scale

Eine Möglichkeit, den Lernbedarf und mögliche Unterschiede in einer Lerngruppe sichtbar zu machen, ist die Darstellung der Lerngruppe auf einer Skala. Die Skalierung in einem Kontinuum von der geringen zur hohen Ausprägung einer für den Lernprozess relevanten Dimension hilft, einen Überblick über die Heterogenität der Gruppe zu erhalten. Ein Beispiel solch einer Skalierungs-Methode ist die Explanation Scale nach LeFever (2013, S. 33 ff.). LeFever verzichtet bewusst auf eine Skalierung mittels Zahlen und verwendet als Alternative Buchstaben. Auf der Explanation Scale steht am linken Ende beim Buchstaben „A" die geringste Ausprägung und auf der rechten Seite beim Buchstaben „Z" die höchste Ausprägung (siehe ◘ Abb. 3.3).

Die Explanation Scale kann auf unterschiedliche Arten in der Vorbereitung eines Lernprozesses eingesetzt werden. Zur Veranschaulichung werden in ◘ Tab. 3.2 Einsatzmöglichkeiten anhand der Heterogenitäts-Dimension „Vorwissen" aufgezeigt. Das Vorgehen ist jedoch genauso auf andere Dimensionen von Heterogenität anwendbar.

A B C D E F G H I J K L M N O P Q R S T U V W X Y Z

geringe Ausprägung   hohe Ausprägung

◘ **Abb. 3.3**   Explanation Scale. (Eigene Darstellung, nach LeFever, 2013)

◘ **Tab. 3.2**   Einsatzmöglichkeiten der Explanation Scale in der Dimension „Vorwissen"

Einsatzmöglichkeit	Vorgehen im Vorfeld	Methoden im Training
Unterschiedliches Vorwissen der Lerngruppe	Aufzeichnen der Personen bzgl. dem Vorwissen der Skala	Folding Spectogram: Skala in der Mitte halbieren, um Paare zu bilden: Lernende mit wenig Erfahrung tauschen sich mit Lernenden mit viel Erfahrung aus (Steinhöfer, 2021)
Wissens-Schwelle als Voraussetzung	Definieren der Schwelle auf der Skala, die zum Folgen des Lernprozesses notwendig ist	Vorbereitungsauftrag an die Lernenden im Vorfeld senden oder Onboarding im Vorfeld
Soll-Zustand definieren	Markieren des Soll-Zustandes am Ende des Lernprozesses auf der Skala	Lernende definieren am Ende des Trainings ihre Anwendung: Was wollen Sie erreichen (Soll) und was ist der erste Schritt hierzu im Alltag (Weg)
Wissens-Vorsprung des Trainers	Eigener Wissensstand im Vergleich zur Gruppe sichtbar machen.Perspektivenwechsel: Was braucht eine lernende Person mit dem Vorwissen? Wie muss ich meine Inhalte an Komplexität reduzieren?	Question Storming: Lernende sammeln zu Beginn ihre Fragen an das Thema, diese werden im Verlaufe des Trainings gemeinsam beantwortet

3.2.2.2 Psychologischer Vertrag

Wenn Menschen zusammen in eine Austauschbeziehung treten, wirken in dieser sozialen Beziehung verschiedene Ebenen. Einerseits gibt es formale Bedingungen, die explizit und damit definiert sind. In einer Arbeitsbeziehung sind dies Aspekte wie die Besoldung, die Arbeitszeit und definierte Aufgaben. In Lernangeboten sind dies beispielsweise die Dauer, die Ziele oder die Bedingungen zum Erreichen des formalen Abschlusses. Andererseits gibt es in jeder Austauschbeziehung auch gegenseitige Erwartungen, die unausgesprochen und damit impliziter Natur sind. Oftmals sind diese Erwartungen der Person selbst nicht explizit bewusst. Im Arbeitskontext können dies Erwartungen bzgl. Entwicklung oder Perspektive sein. Im Trainingskontext sind dies beispielsweise Erwartungen an die Trainer, an den Inhalt, an den Praxisbezug, an die Lernformen oder an die Lernergebnisse am Ende des Lernprozesses.

Diese impliziten Erwartungen werden unter dem Begriff „Psychologischer Vertrag" zusammengefasst (vgl. Raeder & Grote, 2012, S. 8 ff.). Der psychologische Vertrag beinhaltet Fragen wie: Was ist in dieser Situation der Deal? Was gebe ich, und was erwarte ich im Gegenzug? Es ist anzunehmen, dass alle Lernenden mit ihrem persönlichen psychologischen Vertrag an einem Lernprozess teilnehmen. Die darin enthaltenen impliziten Erwartungen wirken direkt und indirekt auf den Lernprozess: zum einen durch die Modulierung des Verhaltens der Lernenden und zum anderen auf die Bewertung des Lernprozesses. Die Zufriedenheit mit einer Situation, zum Beispiel mit einem Training, ist immer eine Funktion der eigenen Erwartungen. Persönliche Erwartungen sind also in jeder sozialen Situation vorhanden und beeinflussen diese. Es ist deshalb empfehlenswert, die Erwartungen im Lernprozess explizit und zum Thema zu machen, anstelle diese erst am Ende in Form von Unzufriedenheit oder Enttäuschungen zu erfahren. Folgende Faktoren können den psychologischen Vertrag von Lernenden in einem Lernprozess beeinflussen:

- Art der Teilnahme: freiwillig oder Pflicht? Möglich ist auch die Teil-Freiwilligkeit, in der sich Lernende für das ganze Lernprogramm, nicht aber im Detail für die einzelnen verbindlichen Teile oder Module entschieden haben.
- Persönliche Lern-Präferenzen: praxisnah oder theoretisch? Frontal, selbstgesteuert oder in Gruppen? Vor Ort oder virtuell?
- Grad der Betroffenheit: hoher Druck, Lösungen zu erhalten oder wenig Berührungspunkte mit dem Thema in Alltag?
- Erfahrung im Themenfeld: wenig oder viel Kontakt und Kenntnisse im Thema? Anfänger oder Experte?
- Erfahrungen und Historie im Thema: positive oder negative Erfahrungen mit vergleichbaren Lernfeldern, z. B. bzgl. Inhalt, Methode oder Trainer?
- Persönliche Ressourcen: aktuelle Belastung und Kapazität, sich auf den Lernprozess einzulassen?

In jedem Fall empfiehlt es sich, bereits im Vorfeld des Lernprozesses zu überlegen, wie mit den unterschiedlichen Erwartungen der Lernenden umgegangen und wie und in welchem Grad diese explizit gemacht werden sollen.

Erwartungen sichtbar machen

Eine gute Gelegenheit, den psychologischen Vertrag der Lernenden sichtbar zu machen, bieten Anfangssituationen eines Lernprozesses. Methodisch kann dies beispielsweise mittels „Impromptu Networking" gestaltet werden (vgl. Steinhöfer, 2021). Die Methode kann thematisch angepasst werden. Hier eine Adaptation zur Klärung der Erwartungen: Die Teilnehmenden bewegen sich im Präsenzsetting im Raum oder werden im synchron virtuellen Setting in Zweiergruppen eingeteilt. Zu zweit tauschen sie sich zu einer Auswahl der folgenden Fragen aus:

- Weshalb bin ich hier?
- Was interessiert mich?
- Welche Bedenken habe ich?
- Was brauche ich, um mich mit dem Thema auseinandersetzen zu können?
- Was kann ich zum Thema beitragen?

Nach jeweils 4 min gibt die Trainerin oder der Trainer das Signal zum Wechseln. In der Regel sind drei bis vier Runden angemessen. Zurück in der Gesamtgruppe können die Erwartungen gesammelt werden. Hier kann das schriftliche Festhalten der Erwartungen die Funktion erfüllen, dass diese sichtbar aufgenommen wurden und zu einem späteren Zeitpunkt auch wieder konsultiert werden können. Zudem bietet es sich an, aus der Rolle des Trainers Erwartungen anzusprechen, die im geplanten Lernprozess nicht erfüllt werden können.

3.3 Entwicklungsfeld: Was fehlt?

Aus der vorangehend beschriebenen Analyse des Bedarfs lassen sich sowohl der Soll-Zustand des Lernprozesses als auch der Ist-Zustand der Lernenden und des Organisationssystems ableiten. Die Differenz zwischen dem Ist, der Gegenwart, und dem Soll, der Zukunft, spannt das Entwicklungsfeld auf. Diese Lücke soll später mit didaktischen und methodischen Mitteln geschlossen werden.

In der Folge werden zwei Methoden hierzu beschrieben: einerseits die Befragung von Stakeholdern und andererseits die Critical Incident Technique.

3.3.1 Anspruchsgruppen

Stakeholder sind Personen mit einem Anspruch an die Ergebnisse eines Lernprozesses. Sie zeichnen sich dadurch aus, dass sie Interessen verfolgen und Ziele erreichen wollen (vgl Theuvsen, 2014, S. 245 ff.). Sie sind entweder direkt oder indirekt vom Entwicklungsfeld betroffen. Innerhalb einer Organisation können sie verschiedene Rollen innehaben: Mitarbeitende, Führungspersonen, fachliche Führungsrollen wie Projektleitende, Learning-and-Development-Fachpersonen oder Personen an Schnittstellen. Zudem sind je nach Anwendungsfeld auch Kunden relevante Stakeholder.

Im Prozess der Entwicklung eines Lernangebotes ist es sinnvoll, Stakeholder aktiv einzubinden, sowohl zu Beginn in der Analyse der Soll- und der Ist-Situation, als auch als Sparring-Partner vor der Implementierung sowie in der Evaluation und Qualitätssicherung. Stakeholder sind durch ihre Rolle im Anwendungsfeld eine wichtige Quelle. Folgende Fragen können helfen, um von der Kompetenz wichtiger Stakeholder im Prozess des Learning Designs zu profitieren:

Fragen an Stakeholder

Ist-Analyse:
- Welche Herausforderungen sehen Sie in der aktuellen Situation?
- Was funktioniert gut? Was nicht?
- Was denken Sie hält das Problem aufrecht?
- Wenn wir die Person/Abteilung X fragen würden, was würden die dazu sagen?

Soll-Analyse:
- Was wäre aus Ihrer Sicht der Ideal-Zustand?
- Was ist Ihrer Meinung nach das Ziel? Was nicht?
- Auf was können wir aufbauen, was bereits vorhanden ist?
- Wo läuft dies besser? Was ist dort anders?
- Wie sähe die Situation aus, wenn sie sich um einen Schritt verbessert hätte? Was wäre anders?
- Was muss am Ende des Trainings passiert sein, dass Sie dies als Erfolg ansehen?
- Wie werden Sie in Ihrer Rolle merken, dass das Training erfolgreich absolviert war?

3.3.2 Critical Incident Technique

Als Ergänzung zu der Befragung von Stakeholdern bietet sich die vertiefte Analyse des Anwendungsfeldes an. Ein Ansatz hierzu ist der Fokus auf Situationen, die sich in einer spezifischen Rolle oder in einer spezifischen Tätigkeit als erfolgskritisch erweisen. Eine Situation kann als „Critical Incident" bezeichnet werden, wenn sie in hohem Maße zu Erfolg oder Misserfolg in der Zielerreichung beiträgt (Butterfield et al., 2005). Die hier verwendete Critical Incident Technique gilt es, gegenüber der im Gesundheitswesen verbreiteten Analyse von sicherheitsrelevanten kritischen Situationen abzugrenzen, die mit einem Critical Incident Reportig System (CIRS) erfasst und ausgewertet werden (Petschnig & Haslinger-Baumann, 2017).

Die Critical Incident Technique kann zur Analyse des Soll-Zustandes wie folgt eingesetzt werden:

Analyse der Anwendungssituation anhand folgender Fragen

Situation:
- Welche spezifischen Situationen sind erfolgskritisch in dieser Rolle/Aufgabe/Funktion?
- Was zeichnet diese Situation aus?

Verhalten:
- Welches spezifische Verhalten ist in dieser Situation besonders effektiv?
- Welches Verhalten ist in dieser Situation kontraproduktiv?

Kompetenzen:
- Welche Kompetenzen braucht es, um in der Situation das effektive Verhalten zu zeigen?
- Welche Kenntnisse sind Voraussetzung?
- Welche Strategien sind zielführend?
- Welche Haltung beeinflusst die Situation positiv?

Eigene Entwicklung, in Anlehnung an Blickle (2019)

Basierend auf den durch die Critical Incident Technique abgeleiteten Erfolgsfaktoren lassen sich Eigenschaften und Ziele im Sinne des Soll-Zustandes definieren.

3.4   Verhaltensdispositionen: Was hilft?

Mit der Analyse des Bedarfs und des Entwicklungsfeldes haben wir ein Bild der Ausgangslage entwickelt, bestehend aus dem angestrebten Soll-Zustand, der Lücke zum Status quo sowie dem Stand der Zielgruppe. Im nächsten Schritt geht es um die Frage, wie diese Lücke mittels eines Lernprozesses angegangen werden kann. Dies ist das Design des Lernprozesses, das die Fragen nach den Lernzielen und nach didaktischen und methodischen Entscheidungen beinhaltet. Dies wird im folgenden Abschnitt beschrieben.

Eine Möglichkeit zur Beschreibung der Lernergebnisse sind Kompetenzen. Diese können die Verbindung zwischen der Bedarfs-Analyse und dem didaktischen Design schaffen. Kompetenzen sind in Bildung und Entwicklung weit verbreitet (Negri et al., 2010). Kompetenzen beschreiben die Verbindung aus Wissen, Fertigkeiten (Können) und Motivation (Wollen). Als Voraussetzung zur Organisation des eigenen Verhaltens sind Kompetenzen situativ auf eine Handlung ausgerichtet und entwickeln ihre Wirkung in der Anwendung (Performanz). Erpenbeck und Sauter sprechen daher auch von Kompetenzen als Selbstorganisationsdispositionen (2017, S. 15). Kompetenzen sind damit die Voraussetzung, um das eigene Handeln zu organisieren und in der Situation auszurichten.

> „Kompetenzen sind Fähigkeiten, in offenen, unüberschaubaren, komplexen, dynamischen und zuweilen chaotischen Situationen kreativ und selbstorganisiert zu handeln (Selbstorganisationsdispositionen)" (Erpenbeck & Sauter, 2015).

Mittels der Beschreibung spezifischer Kompetenzen sind wir nun in der Lage aufzuzeigen, wie der in der Analyse ermittelte Entwicklungsbedarf angegangen werden kann. Die Kompetenzen beschreiben die Voraussetzungen, um das Entwicklungsziel erreichen zu können. Zur Formulierung der zu entwickelnden Kompetenzen erweisen sich folgende Eigenschaften als hilfreich (in Anlehnung an den Kompetenzbegriff nach Erpenbeck et al., 2017):

- handlungsorientiert: Welches konkrete Verhalten ist in der Situation hilfreich?
- spezifisch: Welcher Detaillierungsgrad ist notwendig, um die Kompetenz von anderen Kompetenzen abzugrenzen?
- wertebasiert: Welche Werte sind Teil der Kompetenz?
- wissensbasiert: Welches Fachwissen ist Teil der Kompetenz?

Als Quelle für die Formulierung von Kompetenzen bieten sich bestehende Kompetenzmodelle an. Diese können generisch, also funktions- und rollenübergreifend sein oder aber spezifisch auf ein Organisationssystem, ein bestimmtes Themengebiet oder einen bestimmten Funktionstypus formuliert sein. Basierend auf den formulierten Kompetenzen können nun in einem nächsten Schritt Lernziele sowie didaktische und methodische Entscheidungen definiert werden.

▶ **Ableitung von Kompetenzen für eine Lerneinheit zum Thema Job Crafting**

Ist-Analyse	Soll-Zustand	Kompetenzen
Die Teilnehmenden (TN) sehen ihre berufliche Rolle als unveränderbar	Die TN erkennen Möglichkeiten, um die eigene berufliche Rolle aktiv zu gestalten	Gestalten der eigenen Rolle: die Haltung im Job Crafting auf die eigene Rolle anwenden können Beinhaltet: • Konzept der Rolle anwenden • Wege im Job Crafting ausarbeiten • Priorisierung eines konkreten Ziels vornehmen
Die TN setzen erst einen Teil ihrer Kompetenzen und Interessen in ihrer beruflichen Rolle ein	Die TN nutzen ihren Handlungsspielraum, um mehr Übereinstimmung zwischen ihren Interessen und ihrer Rolle zu erreichen	Erkennen des eigenen Potenzials: die eigenen Stärken und Interessen mit den Anforderungen im Job abgleichen Beinhaltet: • persönliche Stärken-Analyse reflektieren • Stärken mit den Aufgaben abgleichen • Lücken ermitteln

Eigenes Beispiel, in Anlehnung an den Job-Crafting-Ansatz nach Wrzesniewski et al. (2013)

> **Fazit**
>
> Wirkungsvolle Lernprozesse orientieren sich am Anwendungsfeld der Teilnehmenden. Dabei kann der Bedarf aus der Organisation, dem System, dem Aufgabengebiet oder den Teilnehmenden stammen. Basierend auf der Ausgangslage lässt sich ein Ziel-Zustand definieren, den die Teilnehmenden erreichen sollen. Die dadurch entstandene Lücke zwischen dem Ist- und dem Soll-Zustand stellt das Entwicklungsfeld dar. Die im Lernprozess zu entwickelnden Kompetenzen sollten demnach geeignet sein, um den angestrebten Zielzustand zu erreichen.

Literatur

Blickle, G. (2019). Anforderungsanalyse. In F. W. Nerdinger, G. Blickle, & N. Schaper, Arbeits- und Organisationspsychologie (S. 235–249). Springer Berlin Heidelberg.

Blum, U. (2021). Leben heißt lernen: Nutzen von informellen Lernprozessen. In U. Blum, J. Gabathuler, & S. Bajus (Hrsg.), *Weiterbildungsmanagement in der Praxis: Psychologie des Lernens* (S. 47–63). Springer.

Butterfield, L. D., Borgen, W. A., Amundson, N. E., & Maglio, A.-S. T. (2005). Fifty years of the critical incident technique: 1954–2004 and beyond. *Qualitative Research, 5*(4), 475–497.

Erpenbeck, J., & Sauter, W. (2015). *Wissen, Werte und Kompetenzen in der Mitarbeiterentwicklung: Ohne Gefühl geht in der Bildung gar nichts.* Springer Fachmedien.

Erpenbeck, J., & Sauter, W. (2017). Kompetenzentwicklung im Netz. In J. Erpenbeck & W. Sauter (Hrsg.), *Handbuch Kompetenzentwicklung im Netz* (3. Aufl. 2017). Schäffer-Poeschel Verlag.

Erpenbeck, J., Rosenstiel, L., Grote, S., & Sauter, W. (Hrsg.). (2017). *Handbuch Kompetenzmessung: Erkennen, verstehen und bewerten von Kompetenzen in der betrieblichen, pädagogischen und psychologischen Praxis* (3. Aufl. 2017). Schäffer-Poeschel Verlag für Wirtschaft Steuern Recht GmbH.

Gabathuler, J., & Kornfeind, J. (2023). Lernen in Organisationen. In B. Werkmann-Karcher, A. Müller, & T. Zbinden (Hrsg.), *Personalpsychologie für das Human Resource Management* (S. 135–155). Springer.

Grossman, R., & Salas, E. (2011). The transfer of training: What really matters. *International Journal of Training and Development, 15*(2), 103–120.

Jörg, U., & Steiger, T. (2019). Organisationsverständnis und dessen Einfluss. In E. Lippmann, A. Pfister, & U. Jörg (Hrsg.), *Handbuch Angewandte Psychologie für Führungskräfte* (S. 19–38). Springer.

LeFever, L. (2013). *The art of explanation: Making your ideas, products, and services easier to understand.* John Wiley & Sons.

Marsick, V. J., & Watkins, K. E. (2018). Introduction to the special issue: An update on informal and incidental learning theory. *New Directions for Adult and Continuing Education, 2018*(159), 9–19.

Negri, C., Braun, B., Werkmann-Karcher, B., & Moser, B. (2010). Grundlagen, Kompetenzen und Rollen. In C. Negri (Hrsg.), *Angewandte Psychologie für die Personalentwicklung* (S. 7–68). Springer.

Petschnig, W., & Haslinger-Baumann, E. (2017). Critical Incident Reporting System (CIRS): A fundamental component of risk management in health care systems to enhance patient safety. *Safety in Health, 3*(1), 9.

Raeder, S., & Grote, G. (2012). *Der psychologische Vertrag.* Hogrefe Verlag GmbH & Co. KG.

Sandmeier, A., Hanke, U., & Gubler, M. (2018). Die Bedeutung der Gestaltung des Lernfelds und des Funktionsfelds für den subjektiven Erfolg betrieblicher Weiterbildung. *Zeitschrift für Weiterbildungsforschung, 41*(1), 41–55.

Sonntag, K., Stegmaier, R., Schaper, N., & Friebe, J. (2004). Dem Lernen im Unternehmen auf der Spur: Operationalisierung von Lernkultur. *Unterrichtswissenschaft, 32*(2), 104–127.

Steinhöfer, D. (2021). *Liberating Structures: Entscheidungsfindung revolutionieren* (1. Aufl.). Franz Vahlen.

Theuvsen, L. (2014). Alle Macht den Stakeholdern? Das Management von Anspruchsgruppen in zivilgesellschaftlichen Organisationen. In A. E. Zimmer & R. Simsa (Hrsg.), *Forschung zu Zivilgesellschaft, NPOs und Engagement* (S. 245–259). Springer Fachmedien.

Wrzesniewski, A., LoBuglio, N., Dutton, J. E., & Berg, J. M. (2013). Job crafting and cultivating positive meaning and identity in work. In A. B. Bakker (Hrsg.), *Advances in positive organizational psychology* (Bd. 1, S. 281–302). Emerald Group Publishing Limited.

Digitale Bildungsräume gestalten: Taxonomien als E-didaktisches Werkzeug

Luka Peters

Inhaltsverzeichnis

© Springer-Verlag GmbH Deutschland, ein Teil von Springer Nature 2025
U. Blum et al. (Hrsg.), *Weiterbildungsmanagement in der Praxis: Bildungsangebote entwickeln*,
https://doi.org/10.1007/978-3-662-71793-6_4

Lernziele
Nach dem Erarbeiten dieses Kapitels sind Sie in der Lage:
- Bildungsentwicklung konzeptionell zu sehen,
- verschiedene Dimensionen des Lernprozesses in Bezug zueinander zu setzen,
- den Zusammenhang zwischen Lernformen und Materialstrukturierung einzuschätzen,
- Lernzielformulierungen entsprechend der zu lernenden Kompetenzen zu formulieren.

4

4.1 Didaktisches Grundverständnis am Institut für Angewandte Psychologie (IAP)

Bevor Sie sich mit der IAP-E-Learning-Matrix vertraut machen, lernen Sie das didaktische Grundverständnis am IAP kennen, auf dem unsere Bildungsentwicklung und unsere Weiterbildungsangebote basieren. Das IAP versteht Lernen als ganzheitlichen, kreativen und geistigen Prozess zur Entfaltung des Individuums. Unsere didaktischen Grundlagen basieren auf Ansätzen aus dem Konstruktivismus und dem Konnektivismus. Wir fördern die Fach- und Methodenkompetenz unserer Teilnehmenden sowie ihre sozialen und persönlichen Kompetenzen. Neben dem Praxisbezug ist der Austausch mit anderen in der Lerngruppe, mit Dozierenden und mit Personen aus dem beruflichen Umfeld zentral. Individuelle Lernprozesse werden gezielt gefördert und langfristige Lern- und Entwicklungsprozesse unterstützt. Eine detaillierte Darstellung des Grundverständnisses des IAP finden Sie auf ▶ https://www.zhaw.ch/de/psychologie/institute/iap/weiterbildung.[1]

Die informationstechnologisch gestützten Medien setzen wir dabei nicht als Ersatz für Präsenztermine ein, sondern schaffen mit ihnen einen zusätzlichen Wert zu nicht digitalen Formaten und Medien. Deshalb bauen wir auf Blended Learning, in dem sich Präsenz- und Online-Elemente sowie synchrone und asynchrone Lernphasen in einem ausgewogenen Wechsel ergänzen. Die Dozierenden des IAP verstehen sich im Blended-Learning-Szenario als Coach und Lernbegleiter:innen für individuelle Lernprozesse.

4.2 E-Learning am IAP

Der Einsatz digitaler Medien in Weiterbildung und Dienstleistung wird am IAP seit einigen Jahren kontinuierlich ausgebaut. Mehrere Faktoren motivieren uns dazu, die technischen und didaktischen Möglichkeiten verschiedener E-Learning-Szenarien auszuloten: Da ist zum einen der digitale Wandel, der alle Bereiche gesellschaftlichen Lebens betrifft, und daher auch das Lernen und Lehren in der beruflichen Weiterbildung. Die digitale Transformation berührt kaum eine Branche nicht, wird bestehende

---

1   Zugegriffen am 12.06.2025.

Berufsbilder nachhaltig verändern und neue schaffen. Der Einsatz digitaler Medien sichert zudem die Zukunftsfähigkeit unserer Produkte und erweitert die Kompetenzen unserer Mitarbeitenden. Drittens ist das IAP als Anbieter von Weiterbildungen unter anderem in Corporate Learning, Human Resources (HR) und Führung sowie als Dienstleister in Coaching, Beratung, Therapie, Laufbahnberatung und Diagnostik gefordert, neue Methoden und Technologien zu testen und zu evaluieren, die jeweiligen Kompetenzen aufzubauen und an unsere Kunden weiterzugeben.

> ❯ Das Tempo und der umfassende Einfluss des digitalen Wandels auf Gesellschaft, Berufswelt und Bildung erfordert neue Instrumente in der Bildungsentwicklung.

Zwei wesentliche Merkmale der digitalen Transformation sind zum einen ihr hohes Tempo und zum anderen die stetige Evolution neuer Technologien. Aus dieser Situation heraus entstehen besondere Herausforderungen bei der professionellen Entwicklung zeitgemäßer und hochwertiger Weiterbildungs- und Beratungsangebote. Diese teils disruptiven Technologien dürfen jedoch nicht zulasten der Qualität von Weiterbildungen und Dienstleistungen gehen. Zudem ist für die Mitarbeitenden und Dozierenden ein gemeinsamer Handlungsrahmen wichtig, der zur Orientierung auf allen Ebenen der Bildungsentwicklung beiträgt. Durch die hohe Dynamik am Markt der digitalen Tools und Apps besteht eine weitere Herausforderung darin, Dozierende kontinuierlich in der Erweiterung ihrer technologischen Kenntnisse und e-didaktischen Kompetenzen zu unterstützen.

4.3 Das IAP-E-Learning-Konzept und die E-Learning-Matrix

An diesen Punkten setzt das E-Learning-Konzept des IAP an. Es bietet einen Orientierungsrahmen „auf dem Weg zur Kompetenzentwicklung in der digitalisierten Welt. Im Fokus stehen die IAP-Mitarbeitenden, die Kundinnen und Kunden und unsere Produkte. Das Dokument soll Klarheit und Verbindlichkeit auf diesem Weg schaffen. Zudem wird auf konkrete Werkzeuge des E-Learnings und auf Instrumente der Kompetenzeinschätzung verwiesen" (Bajus & Klink, 2020, S. 1).

> ❯ Wir sprechen am IAP von einer E-Didaktik, wo die Didaktik im Zusammenspiel mit digitalen Technologien und Medien gemeint ist.

Das Konzept bezieht auch die Didaktik am IAP mit ein. Zentral ist dafür die im Konzept eingebundene E-Learning-Matrix, die von der E-Learning-Landkarte von Gröhbiel und Schiefner (2007) inspiriert, aber eine inhaltliche und visuelle Weiterentwicklung ist. Wir haben in der E-Learning-Matrix mehrere didaktische Perspektiven miteinander verbunden, die bei der Entwicklung und Durchführung von Weiterbildungen eine Rolle spielen. Dabei orientieren wir uns an aktuellen Standards der Didaktik und insbesondere der Didaktik mit digitalen Medien. ◼ Abb. 4.1 zeigt die IAP E-Learning-Matrix mit Beispielinhalten.

> ❯ Die E-Learning-Matrix ist ein Instrument, das die Verknüpfung der verschiedenen Dimensionen des Lehrens und Lernens sichtbar macht und bei der Bildungsentwicklung unterstützt.

4

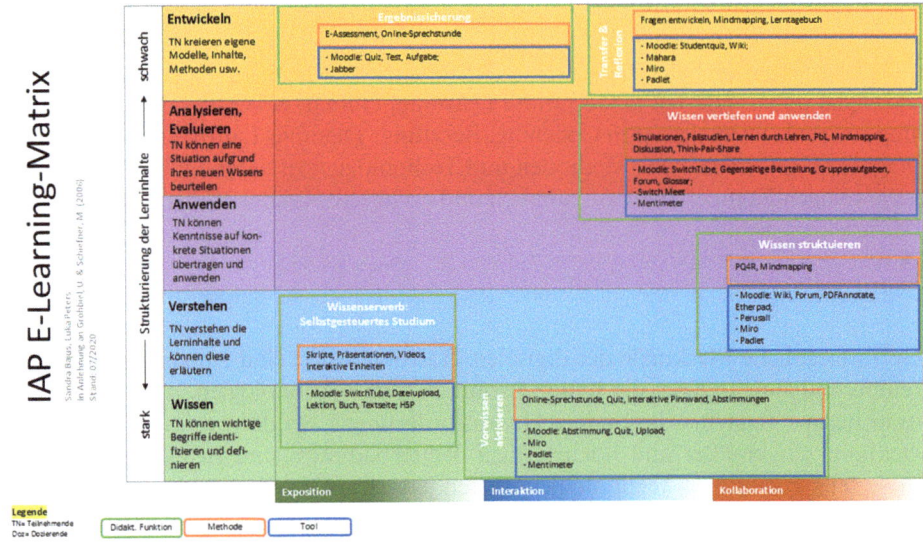

Abb. 4.1   Die E-Learning-Matrix des IAP. (Bajus & Peters, 2020)

Die IAP-E-Learning-Matrix setzt mehrere Dimensionen des Lehrens und Lernens in Bezug zueinander und macht ihre einander ergänzende Wirkungsweise sichtbar. Die Y-Achse der Matrix bildet die kognitiven Taxonomiestufen ab und zeigt an, wie hoch jeweils der Grad der Lernmittelstrukturierung ist. Die X-Achse wird durch die Sozialformen der Lernaktivitäten bestimmt. Auf diese Weise entsteht ein zwei-dimensionaler Auslegeraum, in dem didaktische Ziele und die dazugehörigen Methoden und Umsetzungsmöglichkeiten eingeordnet werden können. Im Folgenden betrachten wir die Bestandteile der IAPE-Learning-Matrix genauer.

4.3.1 Die kognitive Taxonomie

❯ Taxonomiestufen eignen sich besonders gut für die kompetenzorientierte Bildung. Konkrete Kompetenzbeschreibungen unterstützen die Lernzielformulierung und die Lernergebnisüberprüfung.

Die überarbeitete Bloom'sche kognitive Taxonomie nach Anderson et al. (2001) eignet sich durch ihre Fokussierung auf die Lernenden und ihre Lernaktivität sehr gut für eine kompetenzorientierte Bildung und Weiterbildung. In ◫ Abb. 4.2 ist der Aufbau dieser Taxonomie gezeigt. Stufe für Stufe erlangen die Lernenden weitere Kompetenzen und sind schließlich in der Lage, nicht nur ein Problem zu verstehen und zu analysieren, sondern auch eigene Lösungen zu entwickeln.

Wir haben diese Stufen um spezifische Kompetenzdefinitionen ergänzt, die auf die berufliche Weiterbildung am IAP zielen:

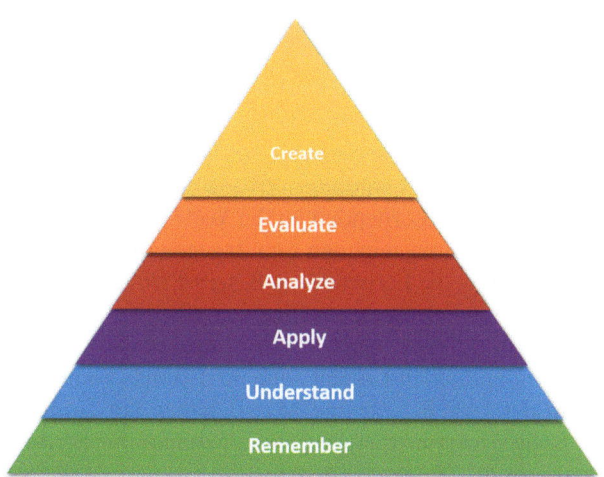

🔹 **Abb. 4.2** Taxonomiestufen nach Anderson et al.(2001). (Eigene Darstellung)

- **Erinnern, Wissen:** *Lernende können wichtige Begriffe identifizieren und definieren.* Diese Kompetenz bildet die Grundlage, um mit Fachbegriffen in den darauffolgenden Lernstufen arbeiten zu können.
- **Verstehen:** *Lernende verstehen die Lerninhalte und können diese erläutern.* Das bedeutet in der Praxis, dass die Lernenden einen Sachverhalt, eine Theorie oder andere Lerninhalte in eigenen Worten erklären können.
- **Anwenden:** *Lernende können Kenntnisse auf konkrete Situationen übertragen und anwenden.* Eine Situation wird also erkannt und das zuvor erlangte Wissen oder die erlernte Fähigkeit kann entsprechend angewendet werden.
- **Analysieren und Evaluieren:** *Lernende können eine Situation aufgrund ihres neuen Wissens beurteilen.* Wir haben diese beiden Stufen in der E-Learning-Matrix zusammengelegt, da das der Lehrpraxis am IAP entspricht. Auf dieser Stufe sind die Lernenden in der Lage, eine Situation auch auf einem abstrakten Niveau zu erkennen und im Kontext zu bewerten.
- **Entwickeln:** *Lernende kreieren eigene Modelle, Inhalte, Methoden usw.* Dies ist die Stufe des Praxistransfers. An diesem Punkt können Lernende ein Problem erkennen, beschreiben und bekannte Lösungen anwenden, sie können die Situation und das Ergebnis analysieren und beurteilen sowie eigene geeignete Lösungen entwickeln.

Durch die Formulierung der Kompetenzen entsteht ein konkreter, nachvollziehbarer Praxisbezug zwischen den Taxonomiestufen und den Lernergebnissen der Weiterbildungsteilnehmenden. Sie können mithilfe dieser Definitionen ihre Lernziele eindeutig formulieren und deren Erreichung überprüfen.

4.3.2　Sozialformen von Lernaktivitäten

Kerres (2018) unterscheidet zwei grundlegende Formen der Lernaktivitäten: expositorische und explorative. Bei *expositorischen* Lernabschnitten dominieren Frontalformate wie der Vortrag, das Lehrvideo oder ein Podcast. Das Lernen findet also in einem vornehmlich passiven, aufnehmenden Modus statt, ggf. durchsetzt von Fragen an die Lernenden, Fragen der Lernenden an die Vortragenden oder bspw. ein kurzes Quiz. *Explorative* Lerneinheiten zeichnen sich dagegen durch einen hohen Grad aktiven Lernens aus, bei denen die Lernenden z. B. selbst recherchieren, Fragenkataloge erstellen, Dokumentationen anlegen, ein Blog schreiben und vieles mehr. Diese entdeckenden Lernaufgaben können wiederum verschiedene Sozialformen haben; dazu gehören neben dem individuellen Lernen auch interaktive, kooperative und kollaborative Aufgaben. In der IAP E-Learning-Matrix haben wir zum Zwecke der Übersichtlichkeit die hohe Komplexität der Sozialformen im Lernprozess stark zusammengefasst dargestellt. Die expositorischen Methoden auf der linken Seite gehen fließend über in explorative Methoden. Die letztgenannten werden in unserer Grafik durch Interaktion und Kollaboration repräsentiert.

❯ Werden die Sozialformen des Lernens in die didaktische Entwicklung einbezogen, erweitert sich die Perspektive auf den gesamten Lehr- und Lernprozess.

Durch die Unterscheidung von expositorischen und explorativen Methoden gewinnt man nicht nur eine neue Perspektive auf den Vorbereitungsaufwand seitens der Dozierenden, sondern auch auf das Anforderungsprofil jeder Stufe für die Lernenden. ◼ Abb. 4.3 zeigt die Relation zwischen Sozialform und Herausforderungsgrad.

◼ **Abb. 4.3**　Sozialformen und Anforderungen an die Lernenden, auf die Taxonomiestufen bezogen. (Peters, 2020a)

4.3.3 Strukturierungsgrad der Lerninhalte

Von Stufe zu Stufe der kognitiven Taxonomie werden die Lernaktivitäten weniger expositorisch und stärker explorativ. Die Menge der zur Verfügung gestellten „gebrauchsfertigen" Lerninhalte wird geringer, denn die Lernenden erarbeiten in zunehmendem Maße selbst Inhalte. Die von den Dozierenden weiterhin bereitgestellten Inhalte müssen weniger stark strukturiert sein, der Aufwand für Dozierende wird geringer und sie haben mehr freie Ressourcen für unterstützende Methoden zur Verfügung. Auf diese Weise können sie sich stärker auf ihre Rolle als Coach im individuellen Lernprozess fokussieren.

> Je selbstständiger und explorativer die Lernenden sich mit einem Thema beschäftigen, desto wichtiger ist die professionelle Lernbegleitung. Das bewirkt einen Wechsel im Selbstverständnis der Dozierenden hin zum Tutor, zur Tutorin oder zum Lerncoach. Dieser Rollenwandel wird in der Didaktik des Bildungsangebots sichtbar.

Die IAP E-Learning-Matrix erschließt Dozierenden den Zusammenhang zwischen Taxonomiestufen und Strukturierungsgrad von Lerninhalten. Dadurch erhalten Dozierende einen visuellen Hinweis darauf, in welchem Verhältnis jeweils der Aufwand für Material und Strukturierung einerseits und ihre Rolle als Lerncoach andererseits steht.

4.3.4 Verwendung der IAP E-Learning-Matrix

In diesem Raster lassen sich bei der Planung von Lehrveranstaltungen didaktische Funktionen, Methoden und auch entsprechende Tools oder Anwendungen positionieren. Wir haben in die oben gezeigte Matrix (s. ▪ Abb. 4.1) einige Beispiele eingefügt. Die Kennzeichnung von didaktischen Funktionen, Methoden und Tools durch Rahmen in unterschiedlichen Farben unterstützt die Orientierung in der Grafik. Die Stärke der E-Learning-Matrix liegt darin, dass alle von uns als relevant identifizierten Dimensionen des Lernprozesses auf einen Blick zu sehen sind und miteinander in Bezug stehen. Durch die horizontale Einteilung der Matrix in die Stufen der kognitiven Taxonomie dient sie als Kompass im Entwicklungsprozess. Alle anderen Dimensionen können mühelos hinzugenommen werden und helfen bei der Positionierung geplanter Lernaktivitäten. Zudem können sich didaktische Funktionen auch über verschiedene Bereiche der Matrix erstrecken, sowohl auf der horizontalen als auch auf der vertikalen Achse. Nicht alle Funktionen gehören eindeutig einer bestimmten Taxonomiestufe an, und auch die Sozialformen können wechseln und damit die Methoden.

> Das Anknüpfen an bereits vorhandenes kognitives Handlungs- und Erfahrungswissen auf der ersten Taxonomiestufe bildet die wesentliche Grundlage für den Lernerfolg.

Anhand der Beispieldaten sieht man, dass in der ersten Taxonomiestufe vorhandenes Wissen der Lernenden aktiviert wird. Dies kann kognitives wie auch Handlungs- oder Erfahrungswissen sein. An der Position der didaktischen Funktion „Vorwissen

4

aktivieren" in der Matrix ist zu sehen, dass diese Phase weniger durch expositorische, sondern vor allem durch interaktive und teilweise kollaborative Methoden unterstützt wird. Durch die Anknüpfung an bereits Vorhandenes wird an diesem Punkt des Lernprozesses eine Sinnhaftigkeit für die Lernenden ermöglicht. Die im Beispiel genannten Methoden stellen eine kleine Auswahl dar, um zu zeigen, welche *Art* von Aktivitäten infrage käme. Hier ist die Funktion „Vorwissen aktivieren" mit explorativen Aktivitäten verbunden. Es wäre auch möglich, auf dieser Taxonomiestufe auf expositorische Methoden zu setzen. Kerres (2018) verweist darauf, dass expositorische Methoden den Lernprozess fördern können, wenn sie gezielt und dosiert eingesetzt werden. Nach Hattie und Yates (2014) ist jedoch aktives Lernen entscheidend für langfristige Lernerfolge. Das gilt auch für das Aktivieren des Vorwissens.

> Für nachhaltige Lernerfolge ist die aktive Auseinandersetzung mit einem Thema oder Stoff besonders geeignet. Passive Formate wie Vorlesungsaufzeichnungen oder Podcasts können dosiert eingesetzt werden, aber tragen alleine nicht zu einer dauerhaften Wissensverankerung bei.

Die Aufzählung der Tools in unserer Matrix hat wiederum beispielhaften Charakter. Was als Werkzeug oder Hilfsmittel eingesetzt wird, hängt von verschiedenen Faktoren ab, die zusammen zu einer Entscheidung führen. Dazu gehören namentlich die technologische Ausstattung des Instituts, die medien- und e-didaktische Kompetenz der Dozierenden oder die individuelle technologische Ausstattung der Lernenden.

4.4   Weiterentwicklungen

Wir haben die IAP E-Learning-Matrix seit ihrer ersten Version 2019 weiterentwickelt. Dieser iterative Prozess wird sich fortsetzen, sodass neue Erkenntnisse aus der didaktischen Theorie wie aus der Entwicklungspraxis einfließen können. Zur Weiterentwicklung der Matrix zählt auch ihre zukünftige Umsetzung als interaktiv nutzbares Instrument, das wir auf der digitalen Lernumgebung der Zürcher Hochschule für Angewandte Wissenschaften (ZHAW) zur Verfügung stellen.

Zugleich ist die E-Learning-Matrix eine Inspirationsquelle für ergänzende Hilfsmittel in der Bildungsentwicklung. Da der Platz in der E-Learning-Matrix in ihrer aktuellen Form begrenzt ist, sodass Inhalte nur einen beispielhaften Ausschnitt der Möglichkeiten zeigen, war es naheliegend, gerade jene Teile ausführlicher zu gestalten, die unterstützend bei der Planung und Entwicklung von (Weiter-) Bildungsveranstaltungen wirken. Aus diesem Grund wurde die Handreichung „Taxonomien in der Praxis" entwickelt. In ihr sind alle strukturierenden Merkmale aus der E-Learning-Matrix wieder aufgegriffen: die Taxonomiestufen, die jeweilige Definition der Kompetenz, die Sozialformen und der Strukturierungsgrad von Materialien sowie Begriffe, Methoden und Tools. Für die zuletzt genannten drei Merkmale hat es nun jedoch deutlich mehr Platz, und obwohl die zusammengetragenen Inhalte auch hier nicht alle Variationen ausschöpfen können, bieten sie doch einen wesentlich breiteren Ausgangspunkt an, als dies in der E-Learning-Matrix möglich ist. Damit ist das Dokument eine geeignete Ergänzung zur E-Learning-Matrix und eine Erweiterung im Rahmen des Kompetenzgewinns für Dozierende. ◻ Abb. 4.4 zeigt einen Ausschnitt aus der beschriebenen Handreichung.

Wissen	Verstehen
Begriffe identifizieren und definieren	**Lerninhalte verstehen und erläutern**

Begriffe

Benenne	Definiere
Zitiere	Beschreibe
Erinnere	Dupliziere
Wiederhole	Finde
Zeige	Identifiziere
Erkläre	Bezeichne
Schreibe	Zähle auf
Zeichne	Vergleiche
Arrangiere	Paare

Assoziiere	Erweitere
Vergleiche	Illustriere
Diskutiere	Weise hin
Unterscheide	Leite ab
Differenziere	Interpretiere
Schätze	Paraphrasiere
Erkläre	Nimm Bezug
Drücke aus	Formuliere um
Fasse zusammen	

Methden

Textaktivitäten
Zuordnungsaktivitäten
Auflistungen
Identifizierungsmethoden
Beispiele zeigen
Konzepte darstellen
Testvarianten

Diskussionsforum
Journal/Portfolio führen
Zeichnen, Illustrieren
Analogien bilden
Zusammenfassungen
Report verfassen
Gliederung schreiben
PQ4R
Think Pair Share
Puzzles, Quiz etc.

Tools

Moodle: Glossar,
Lektion, Lernpaket, Buch, Datei,
IMS-Content, Textseite,
Verzeichnis, SwitchTube

H5P (in Moodle): Interactive
Video, Presentation, Audio,
Timeline, Agamotto, Collage,
Virtual Tour, Find Hotspots,
Memory, Dialog Cards,
Accordeon

Moodle: Gruppenwahl, Aufgabe,
Datenbank, PDF-Annotation,
Wiki, Forum
H5P (in Moodle): Quiz, Multiple
Choice, Fill in blanks, Drag&Drop,
Drag words, Flashcards etc.

Mindmapping (z.B. Mindmeister)
Digital Whiteboard (z.B. Miro)

Exposition → Exploration

Exposition → Exploration

Strukturierung Material

Strukturierung Material

Abb. 4.4 Handreichung „Taxonomien in der Praxis". (Ausschnitt; Peters, 2020b)

> Mit dem Ausbau des didaktischen Instrumentariums durch digitale, interaktive Formate und ausführliche Handreichungen werden Dozierende bei der Didaktisierung ihrer Veranstaltungen unterstützt.

Fazit

Mit dem E-Learning-Konzept und der IAP-E-Learning-Matrix haben wir eine solide Grundlage für die Entwicklung qualitativ hochwertiger vollständig digitaler wie auch Blended-Learning-Bildungsangebote geschaffen. Die Stärke dieser beiden Instrumente liegt darin, dass sie die grundsätzliche Haltung des IAP reflektieren, Klarheit schaffen und Orientierung bieten. Beide sind zudem eine Inspiration für Weiterentwicklungen und Innovationen. Die E-Learning-Matrix als erste Entwicklung zur Flankierung des E-Learning-Konzepts bietet einen sofortigen Überblick über die State-of-the-Art-Taxonomie von Anderson et al. (2001) sowie andere wichtige Grundlagen didaktischer Gestaltung. Sie dient zunächst als zweidimensionales Planungsmittel und wird in einer zukünftigen digitalen und interaktiven Version noch stärker unterstützen und inspirieren. Was auf Basis der E-Learning-Matrix zusätzlich oder fortführend entwickelt werden kann, zeigt die Handreichung „Taxonomien in der Praxis". Mit diesem Dokument ist die komprimierte Darstellung ausführlicher Inhalte möglich. Es bietet Orientierung durch thematisch geclusterte Lernzielbegriffe, Methoden und Tools im Kontext der jeweiligen Taxonomiestufen und weist in eine mögliche Richtung zur Entwicklung weiterer Instrumente für die didaktische Unterstützung in Bildungsentwicklung und Bildungsmanagement.

Literatur

Anderson, L. W., Krathwohl, D. R., & Bloom, B. S. (2001). *A taxonomy for learning, teaching, and assessing: A revision of Bloom's taxonomy of educational objectives (Complete ed)*. Longman.

Arnold, R., & Schön, M. (2019). *Ermöglichungsdidaktik. Ein Lernbuch* (1. Aufl.). hep Verlag.

Arnold, R., & Schüssler, I. (Hrsg.). (2015). *Ermöglichungsdidaktik: Erwachsenenpädagogische Grundlagen und Erfahrungen* (2. Aufl., Bd. 35). Schneider Verlag Hohengehren.

Bajus, S., & Klink, T. (2020). *E-Learning-Konzept IAP 2020–2023*. Nicht veröffentlichtes internes Paper.

Bajus, S., & Peters, L. (2020). *Die IAP E-Learning-Matrix*. Nicht veröffentlichte interne Entwicklung.

Filius, R. M. (2019). *Peer feedback to promote deep learning in online education; unraveling the process.* Utrecht University. https://doi.org/10.13140/RG.2.2.28814.82247. Zugegriffen am 04.09.2025.

Gröhbiel, U., & Schiefner, M. (2007). Die E-Learning-Entscheidungsmatrix. In A. Hohenstein & K. Wilbers (Hrsg.), *Handbuch E-Learning* (19. Erg.-Lfg., Januar 2007, Beitrag 3.15).

Hattie, J., & Yates, G. (2014). *Visible learning and the science of how we learn*. Routledge.

Kerres, M. (2018). *Mediendidaktik: Konzeption und Entwicklung digitaler Lernangebote*. De Gruyter.

Kerres, M., & Petschenka, A. (2002). Didaktische Konzeption des Online-Lernens für die Weiterbildung. In B. Lehmann & E. Bloh (Hrsg.), *Online-Pädagogik* (S. 240–256). Schneider Verlag Hohengehren.

Peters, L. (2020a). *Aufwand und Herausforderungspotential der Taxonomiestufen*. Nicht veröffentlichte interne Entwicklung.

Peters, L. (2020b). *Taxonomien in der Praxis*. Nicht veröffentlichte interne Entwicklung.

Rummler, K. (Hrsg.). (2014). *Lernräume gestalten – Bildungskontexte vielfältig denken*. Waxmann.

Staub, T. (2017, Januar 29). Eine Taxonomie für das Lernen, Lehren und Beurteilen: Eine Revision von Blooms Taxonomie der Lernziele [Blog]. *Lerntool*. https://lerntool.ch/eine-taxonomie-fuer-das-lernen-lehren-und-beurteilen-eine-revision-von-blooms-taxonomie-der-lernziele/. Zugegriffen am 04.09.2025.

Wolf, G. (2013). Im Zeichen der Autonomie. Thesen zum erwachsenengerechten Lernen. *DIE Zeitschrift für Erwachsenenbildung, 2013(4)*, 25–28. http://www.die-bonn.de/id/31163. Zugegriffen am 04.09.2025.

Spiele und Gamification in der Erwachsenenbildung: Erfolgsfaktoren und Praxistipps

Roberto Siano

Inhaltsverzeichnis

© Springer-Verlag GmbH Deutschland, ein Teil von Springer Nature 2025
U. Blum et al. (Hrsg.), *Weiterbildungsmanagement in der Praxis: Bildungsangebote entwickeln*,
https://doi.org/10.1007/978-3-662-71793-6_5

5

5.1 Spielen ist Lernen

„Mein Spielen ist Lernen, mein Lernen ist Spielen" – dieses Zitat, das dem deutschen Theologen Hieronymus Simons van Alphen (1665–1742) zugeschrieben wird, verdeutlicht die enge Verknüpfung von Spielen und Lernen. Bereits in der Antike wurden spielerische Ansätze genutzt, um strategisches Denken, körperliche Fitness oder moralische Aspekte zu vermitteln – beispielsweise durch die Olympischen Spiele. Ein weiteres historisches Beispiel ist das Puzzle, das der englische Kartenhersteller John Spilsbury im 18. Jahrhundert als Lernwerkzeug für den Geografieunterricht entwickelte.

Heutige Ansätze wie Serious Games, Game-Based Learning (GBL) und Gamification knüpfen an diese Tradition an und kombinieren sie mit psychologischen Erkenntnissen und strukturierten Herangehensweisen. Angesichts der Herausforderungen in der Erwachsenenbildung, wie zunehmende Diversität der Zielgruppen und steigender Bedarf an nachhaltigen Lernstrategien, bieten Spiele und Gamification vielseitige Werkzeuge, um Lernprozesse effektiv zu gestalten. Wissenschaftliche Studien zeigen, dass diese Methoden, wenn sie gezielt eingesetzt werden, ein wirkungsvolles Mittel zur Kompetenzvermittlung darstellen (beispielsweise Huang et al., 2019; Hanus & Fox, 2015; Sailer & Homner, 2020).

Definition von Spiel, Serious Games, GBL und Gamification
Es gibt unterschiedliche Definitionen für diese Begriffe. In diesem Artikel arbeite ich mit diesen:
- **Spiel:** Das Spiel ist eine freiwillige Handlung oder Beschäftigung, die innerhalb gewisser festgesetzter Grenzen von Zeit und Raum nach freiwillig angenommenen, aber unbedingt bindenden Regeln verrichtet wird, ihr Ziel in sich selbst hat und begleitet wird von einem Gefühl der Spannung und Freude und einem Bewusstsein des „Andersseins" als das „gewöhnliche Leben" (Huizinga, 2009).
- **Serious Games:** Serious Games sind digitale oder analoge Spiele, die neben der Unterhaltung auch einen ernsthaften Zweck verfolgen, zum Beispiel Bildung, Schulung, Gesundheitsförderung oder gesellschaftliche Sensibilisierung. Sie kombinieren spielerische Elemente mit realitätsnahen Szenarien, um Wissen zu vermitteln, Fähigkeiten zu trainieren oder Verhaltensweisen zu beeinflussen (Michael & Chen, 2006).

- **GBL (Game-Based Learning):** GBL bezeichnet eine Lernmethode, bei der Spiele oder spielerische Elemente gezielt eingesetzt werden, um Wissen zu vermitteln und Kompetenzen zu fördern. Durch interaktive und motivierende Spielmechaniken werden Lerninhalte auf eine Weise präsentiert, die Engagement und kognitive Verarbeitung unterstützt. GBL kann sowohl digitale als auch analoge Spiele umfassen und wird häufig in Bildungsinstitutionen sowie in der beruflichen Weiterbildung genutzt (Gee, 2007).
- **Gamification:** Gamification bezeichnet den Einsatz von spieltypischen Elementen und Mechaniken in nicht-spielerischen Kontexten, um Motivation, Engagement und Verhaltensänderungen zu fördern. Dabei werden Prinzipien aus Spielen wie Punkte, Ranglisten, Belohnungen oder Herausforderungen in verschiedene Bereiche wie Bildung, Marketing oder Personalmanagement integriert, um Nutzer zu aktivieren und gewünschte Handlungen zu verstärken (Werbach & Hunter, 2012).

5.2 Warum funktionieren Spiele und Gamification so gut in der Weiterbildung?

Spiele besitzen eine außergewöhnliche Fähigkeit, Menschen zu motivieren. Gemäß Schätzungen wurden im Jahr 2023 in Deutschland 70 Mio. Gesellschaftsspiele verkauft. Was treibt Menschen an, ein Spiel zu kaufen, die Regeln zu lernen und es zu spielen, anstatt einfach auf dem Sofa sitzen zu bleiben? Die Antwort liegt in der motivationalen Kraft des Spielens.

5.2.1 Psychologische Grundbedürfnisse

Unsere Bereitschaft, viel Ressourcen fürs Spielen einzusetzen, lässt sich mit der Self-Determination Theory (SDT) von Deci und Ryan erklären (Przybylski et al., 2010). Sie besagt, dass Menschen über drei psychologische Grundbedürfnisse verfügen:
- **Autonomie:** das Gefühl von Selbstbestimmung,
- **Kompetenz:** das Erleben von Fähigkeit und Wirksamkeit,
- **soziale Eingebundenheit:** das Gefühl von Zugehörigkeit zu einer Gemeinschaft.

❯ Die Motivation für ein Verhalten hängt stark davon ab, wie stark es unsere Grundbedürfnisse befriedigt.

Spiele lassen uns wählen, ob wir nach rechts oder nach links laufen, ob wir springen oder uns ducken, ob wir etwas wagen oder es eher vorsichtig angehen. Bei jeder dieser Entscheidungen können wir im Spiel frei wählen, was unser Autonomiebedürfnis zufriedenstellt. Spielen ermöglicht uns zudem ein starkes Kompetenzerleben, indem es uns herausfordernde, aber erreichbare Ziele setzt und Feedback in Echtzeit bietet. Spiele sind Feedbackmaschinen, die motivierend bleiben, auch wenn wir immer wieder scheitern. Hierzu zeigte Marc Rober in seinem TEDx Talk 2018 „The Super Mario Effect: tricking your brain into learning more" ein spannendes Experiment. Darin demonstrierte er, dass Menschen ohne Bestrafung eine Aufgabe häufiger und erfolgreicher durchführen. Das Bedürfnis nach sozialer Eingebundenheit wird durch kooperative und kompetitive Spielelemente gefördert. Viele Spiele verlangen Teamarbeit und den Austausch mit anderen, was das Zugehörigkeitsgefühl stärkt.

> Spiele befriedigen unsere Grundbedürfnisse.

Insofern ist es wichtig, beim Einsatz von Spielen diese Grundbedürfnisse im Auge zu behalten. Im Lernsetting ist die Autonomie oft eingeschränkt, d. h., die Teilnehmenden haben beispielsweise keine echte Wahl und müssen am Spiel teilnehmen. Damit dies nicht zu Reaktanz führt, hilft Transparenz. In meinen Weiterbildungen erkläre ich den Teilnehmenden genau, was der Sinn der jeweiligen Übung ist beziehungsweise warum wir dies machen. Dies wirkt sich positiv auf das Gefühl der Selbstbestimmung aus und führt zu einer generell höheren Bereitschaft mitzumachen. Zum Thema Kompetenzerleben sollte man sich bewusst sein, dass es wichtig ist, dass die Aufgaben nicht zu leicht sind. Auch Scheitern muss möglich sein. Nur bei einer echten Herausforderung wird das Kompetenzgefühl zufriedengestellt.

5.2.2 Magic Circle

Der von Huizinga (2009) geprägte Begriff des „Magic Circle" beschreibt den symbolischen Raum, in dem Spielende temporär die Regeln des Alltags ablegen und sich auf neue, spielimmanente Regeln einlassen. Diese können stark von der Realität abweichen. Es ist kein Problem, wenn wir in einem Spiel fliegen können oder Maulwürfe sind. Wir akzeptieren im Magic Circle diese Regeln als bindend. Diese klare Abgrenzung zwischen Spiel und Realität schafft eine sichere Umgebung, in der Lernende experimentieren, Fehler machen und daraus lernen können. Es ist gewissermaßen ein Schutz gegen die Bereiche des „Nicht-Spiels". Der Magic Circle fördert damit nicht nur Kreativität und Problemlösungskompetenz, sondern auch die Bereitschaft, neue Verhaltensweisen in einer sicheren Atmosphäre auszuprobieren (Salen & Zimmerman, 2004).

> Spiele ermöglichen die Regeln des Alltags außer Kraft zu setzen.

Viele Erwachsene lassen sich in ihrem Verhalten auch im Bildungskontext stark von Rollenerwartungen leiten. Deshalb kann durch das Ablösen der geltenden Normen und Regeln eine neue Perspektive eingenommen werden. Einfach ausgedrückt aus Herrn Meier und Frau Smith werden Spieler A und Spieler B – Hierarchien verschwinden, Rollenanforderungen wechseln. In diesem geschützten Rahmen ist eine tiefer gehende Auseinandersetzung mit Lerninhalten möglich (siehe ☐ Abb. 5.1).

Damit die Teilnehmenden einer Bildungsveranstaltung diesen Schritt in den Magic Circle gehen können und „das Außen ablegen können", braucht es ein Grundvertrauen. Dies hängt natürlich von der Art des Spiels ab, zum Beispiel wie viel Eintauchen oder Exposition es erfordert. Daher sollte zuerst Vertrauen aufgebaut werden, bevor man Spiele einsetzt, die viel Persönliches offenbaren.

Abb. 5.1   Unterscheidung Spiel und Nicht-Spiel durch den Magic Circle. (Eigene Darstellung)

5.2.3 Immersion

Ein weiterer Grund für die motivationale Kraft von Spielen ist die Fähigkeit, immersive Erfahrungen zu schaffen. Immersion beschreibt das vollständige Eintauchen in eine virtuelle oder simulierte Umgebung, in der Lernende emotional und kognitiv angesprochen werden (Brown & Cairns, 2004).

Ein entscheidender Faktor für die Entstehung von Immersion ist der sogenannte Flow-Zustand, ein Konzept von Csikszentmihalyi (nach Alexiou et al., 2012), bei dem die Lernenden völlig in eine Tätigkeit vertieft sind und Zeit und Raum um sich herum vergessen. Przybylski et al. (2010) betonen, dass Immersion essenziell für die nachhaltige Verankerung von Lerninhalten ist. Spiele schaffen Räume, in denen Lernende komplexe Entscheidungen treffen und deren Konsequenzen unmittelbar erleben können. Der Prozess des aktiven Handelns und Erfahrens intensiviert den Wissenserwerb, da Lerninhalte nicht nur passiv aufgenommen, sondern aktiv gestaltet werden (Gee, 2007).

5.2.4 Emotionen als Lernverstärker

> Spiele setzen Emotionen frei und sind damit Lernverstärker.

Emotionen spielen als Lernverstärker eine zentrale Rolle im Lernprozess. Positive emotionale Erfahrungen erhöhen die Wahrscheinlichkeit, dass Lerninhalte langfristig im Gedächtnis verankert werden (Alexiou et al., 2012). Deswegen empfehle ich: „Habt Spaß, lasst die Leute lachen oder verzweifeln, aber lasst sie etwas erleben." Durch die Aktivierung von Emotionen wird nicht nur die Motivation gesteigert, sondern auch die kognitive Verarbeitung der Inhalte vertieft. Richtig ausgewählte Spiele, d. h. solche, die emotional etwas auslösen, können die Spielenden auf eine emotionale Achterbahnfahrt mitnehmen. Wichtig ist deshalb, die Spiele nicht zu stark zu akademisieren, sondern den Spaß im Fokus zu haben.

▶ **Beispiel**

Bilder sind ein geeignetes Mittel, um einen emotionalen Zugang zu vielen Themen zu ermöglichen. Außerdem lassen sich unterschiedliche Spiele darauf aufbauen. Das folgende Beispiel war ein Einstiegsspiel für einen Workshop mit dem Thema Qualität.

Alle Teilnehmenden mussten als Vorbereitung ein Bild suchen, dass sie mit dem Thema Qualität verbinden, und dem Moderator mailen. Am Workshop mussten sie dann raten, wer welches Bild eingesendet hatte. Das Spiel war lustig. Und als dann die Fragen im Raum standen: „Warum habt ihr dieses Bild gewählt?" oder „Warum habt ihr geglaubt, das sei das Bild von X?", traten schon die meisten wichtigen Aspekte der Schulung zutage. ◄

5.3 Welche Methoden sind einfach umzusetzen?

Es gibt unendlich viele Möglichkeiten für den Einsatz von Spielen und Gamification in der Weiterbildung. So gibt es aufwendige Versionen wie selbstentwickelte Serious Games, die ganz spezifisch für eine Fragestellung entwickelt worden sind, oder aufwendig programmierte Games mit komplexen Gameplays. Im Gegensatz dazu gibt es einfach umsetzbare Ideen, die kaum mehr als Papier und Stift oder ein Gratis-Online-Tool benötigen. In diesem Kapitel möchte ich den Fokus auf einfach umzusetzende Methoden legen.

5.3.1 Quizbasierte Lernspiele

❯ Quiz sind schnell umzusetzen, können schwächere Teilnehmende aber auch demotivieren.

Es gibt viele Möglichkeiten, ein Quiz zu veranstalten, ob analog oder digital. Es ist ein sehr niederschwelliger Ansatz, der sofortiges Feedback bietet und Wettbewerb in den Lernprozess integriert. Vielen macht es Spaß und für die Spielleitenden ist es recht einfach umzusetzen. Gleichzeitig gelten zwei Einschränkungen für diese Methode. Erstens kann man damit zwar vorhandenes Wissen repetieren, aber kaum Neues erarbeiten. Zweitens wird der Wettbewerb von den Starken geschätzt, von den Schwächeren oft weniger. Insofern stärkt das Quiz die inhaltlich bereits Starken. Um dem entgegenzuwirken, mache ich oft Gruppen-Quiz. Dabei muss sich keine Person exponieren und die Teilnehmenden können voneinander lernen. Außerdem gibt es spannende Alternativen zu Quiz wie z.B. „Wie viele haben ja gesagt?"

▶ **Beispiel**

Wie viele haben ja gesagt?

Spielziel: Errate, wie oft die Mitglieder einer Gruppe auf eine vorgegebene Frage mit „Ja" antworten.

Die spielleitende Person stellt geschlossene Fragen (z. B. „Betrachtest du deinen Beitrag für die Organisation als wichtig?"). Das Team beantwortet anonym mit „Ja" oder „Nein". Das kann analog geschehen, mit weißen und schwarzen Kugeln in einem blickdichten Gefäß, oder mit einem digitalen Tool wie Mentimeter. Nur die/der Spielleitende kennt das Resultat.

Danach schätzt jede Person ein, wie viele Personen „Ja" auf die Frage geantwortet haben, und schreibt dies auf ein Notizpapier (oder online in den Chat). Sobald alle etwas notiert haben, zeigen sie gleichzeitig ihre Schätzung. Es ist sehr spannend, wie weit die Schätzungen oft auseinanderliegen. Die Person, die richtig geschätzt hat, bekommt dann einen Punkt. Wer die meisten Punkte zum Schluss hat, hat gewonnen.

Das ist eine Spielmechanik, die man mit 5 oder mit 150 Personen physisch und digital und auf praktisch alle Themen angepasst spielen kann. Die Kernaufgabe für die/den Spielleitenden besteht darin, für die Gruppe spannende Fragen zu finden. In einem passenden Setting kann man die Fragesuche sogar an die Gruppe delegieren und ihnen den Auftrag geben, für sie interessante (geschlossene) Fragen zu suchen. ◄

5.3.2 Storytelling

 Geschichten können auch erwachsene Teilnehmende motivieren, dranzubleiben.

Storytelling ist eine Methode, die ich persönlich lange unterschätzt habe, obwohl sie in der Literatur zu Gamification schon früh als wirkungsvoll beschrieben wurde (Sailer & Homner, 2020). Inhalte werden dabei in eine erzählerische Struktur eingebettet, um die emotionale Bindung und tiefere Verarbeitung zu fördern. Dabei sind der Fantasie keine Grenzen gesetzt. Man muss das Rad aber auch nicht neu erfinden, sondern kann Funktionierendes übernehmen. Gemessen am relativ geringen Aufwand, ist der Effekt deutlich spürbar.

> ▶ **Beispiel**
> Bei mir kommen häufig Reisegeschichten zum Zug. Sie eignen sich für den Einsatz bei unterschiedlichen Themen. Sie können in der Vergangenheit spielen, in der Gegenwart oder wie in diesem Beispiel in der Zukunft. Es stammt aus einer Vorlesung an der Zürcher Hochschule für Angewandte Wissenschaften (ZHAW). Die Vorlesung wurde von insgesamt vier Dozierenden gehalten. Da es nicht besonders viel Zeit für Absprachen gab, musste ein Rahmen gefunden werden, der den einzelnen Personen eine größtmögliche Freiheit ermöglicht, aber dennoch von den Studierenden als „Einheit" wahrgenommen wird. Dies führte zu der Reisegeschichte mit den Planeten. Alle Dozierenden sind auf einem anderen Planeten zu Hause. Und die Studierenden fliegen von Planeten zu Planeten beziehungsweise zu den einzelnen Themen. Dieses Setting ermöglicht den Dozierenden, eigene Regeln und Aufgaben aufzustellen, ohne dass die Rahmenhandlung der Vorlesung darunter gelitten hat (siehe ◘ Abb. 5.2). ◄

5.3.3 Simulationen

Jeder von uns hat sich im Kindesalter einer Simulation bedient. Als-ob-Spiele gehören zur kindlichen Entwicklung. Aber auch im Erwachsenenalter bieten Simulationen die Möglichkeit, Dinge in einem gefahrlosen Rahmen auszuprobieren. Schach könnte man als gefahrlose Kriegssimulation bezeichnen. Im Business-Kontext gibt es unzählige Planspiele, die praxisnahes Lernen durch die Simulation von Entscheidungsprozessen ermöglichen. Vor allem aber steht der Virtual-Reality-Bereich in der Ausbildungslandschaft diesbezüglich im Fokus, unabhängig davon, ob man einen virtuellen Rundgang macht, eine virtuelle Operation durchführt oder virtuell auf einem Hochhaus läuft. In diesen Bereichen gibt es momentan viel Entwicklung, da die Technologie immer bezahlbarer und anwendungsfreundlicher wird (siehe ◘ Abb. 5.3).

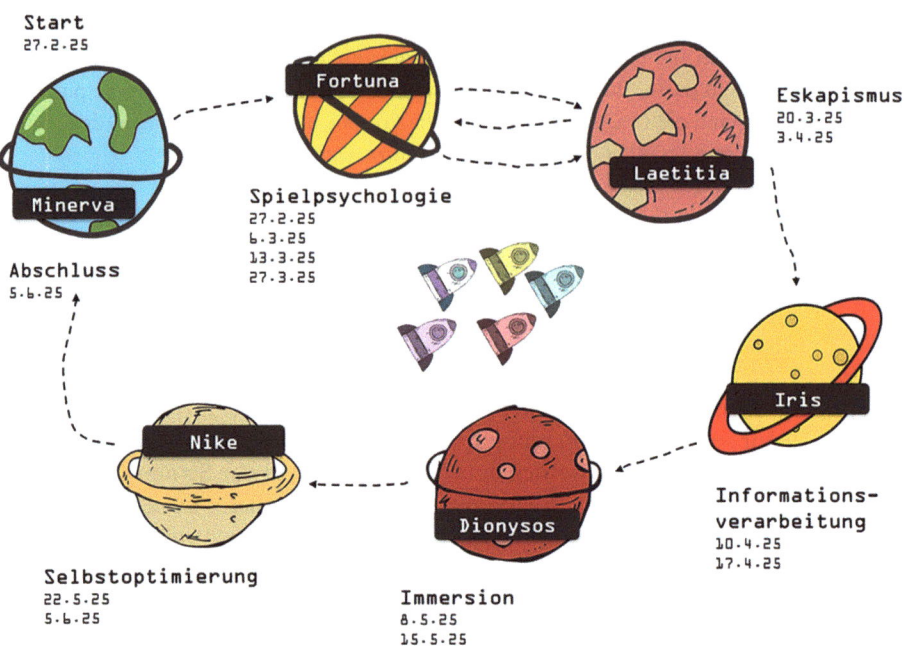

Abb. 5.2 Screenshot „Durch die Galaxien zum Wissen". (Eigene Darstellung)

Abb. 5.3 Foto des Serious Games „We love it." (Unternehmenssimulation)

Man kann aber nicht nur Prozesse und Handlungen simulieren, sondern auch Teamverhalten. Dies erreicht man einfach mit kooperativen Spielen, in denen eine Gruppe gemeinsam ein mehr oder weniger komplexes Problem lösen muss. Dies kann im Sinne einer Knobelaufgabe, eines Escape Rooms oder eher ein kooperatives Spiel sein, bei dem alle ihren Teil beitragen müssen, um ein Ziel zu erreichen. So eignen sich z. B. die Spiele des Jahres The Game, The Mind oder Hanabi für solche Einsätze. Dabei dient dann die in diesen Spielen gezeigte Zusammenarbeit als Analogie für die echte Teamarbeit.

> ▶ **Beispiel**

Um eine Handlung in eine einfache Simulation zu übersetzen, braucht es nicht viel. Oftmals genügt schon die Anpassung von Echtzeit und Spielzeit. Hier ein Beispiel eines Kundenauftrages. Das Ziel war, ein Spiel für einen Workshop zum Thema Cross Selling zu gestalten. Das Spiel sollte in Seminarräumen in einer Stunde mit circa 40 Personen spielbar sein.

Spielumsetzung: Konzept eines Speed Datings. Die spielleitende Person las las die Ausgangslage vor. Dabei handelte es sich um eine Situation, in der Cross Selling möglich war. Die Teilnehmenden stiegen sofort ein und hatten dann 2 min Zeit, das Gespräch zu führen. Dann wurde Position gewechselt, insgesamt fünf Mal. Durch den Zeitdruck und die Repetition fiel es den meisten Teilnehmenden im Verlauf des Spieles einfacher, etwas Passendes zu sagen. Diese Aussagen sammelten die Personen jeweils für sich. Der Sieg dieses Spiels wurde mittels Abstimmung bestimmt. ◄

5.3.4 Szenariobasiertes Lernen

Personen werden in realistische Szenarien versetzt und müssen Entscheidungen treffen. Dies kann über verschiedene Sinne geschehen oder rein über Text. Entscheidend ist die Auswahl der Szenarien. Je relevanter diese Entscheidungen sind, desto aufmerksamer werden die Teilnehmenden sein.

> ▶ **Beispiel**

In der praktischen Umsetzung verknüpfe ich solche Szenarien oft mit dem Spiel-Setting von 1,2 oder 3. Das bedeutet, die Teilnehmenden müssen sich physisch dorthin bewegen, wo ihre Antwort liegt. Wichtig ist, dass es dabei keine richtigen und falschen Antworten gibt. Dies kann mit einer Person, die moderiert, und der Dynamik der Aufstellung zu sehr fruchtbaren Diskussionen führen (siehe ◘ Abb. 5.4). ◄

Szenario

Sie leiten den Feuerwerksbereich der „Kaboum AG", wo Teamarbeit großgeschrieben und bewusst auf sichtbare Statusunterschiede verzichtet wird.

Der Bereich neben Ihren Büros wurde kürzlich neu asphaltiert und mit reservierten Parkplätzen für die Belegschaft ausgestattet, während weiter entfernt öffentliche Parkmöglichkeiten zur Verfügung stehen. Ihrem Bereich wurden nun zwei reservierte Parkplätze zugewiesen.

Die Herausforderung besteht darin, dass regelmäßig drei Personen – einschliesslich Ihnen – mit dem Auto zur Arbeit kommen und alle den Parkplatz sehr schätzen.

Was machen Sie?

1 Sie bitten die Mitarbeitenden, selbständig die Plätze unter Ihnen dreien aufzuteilen.

2 Sie tauschen sich über die Situation mit den beiden anderen aus und kommen zu einer einvernehmlichen Vereinbarung.

3 Sie ordnen die beiden Plätze, basierend auf dem, was Sie wissen, zu .

1

◾ **Abb. 5.4**   Beispiel eines einfachen Text-Szenarios

5.4   Erfolgsfaktoren beim Einsatz

❯ Der Einsatz von Spielen unterscheidet sich nicht grundsätzlich vom Einsatz anderer Bildungsmaßnahmen.

▬ **Klare Lernziele definieren**
Wie bei jeder didaktischen Maßnahme hängt der Erfolg von der Klarheit der Lernziele ab. Bei der Implementierung von Spielen ist das besonders wichtig, da die Lernziele der Auswahl der Spielmechaniken vorgelagert sind. Spiele und Gamification sollten gezielt eingesetzt werden, um spezifische Kompetenzen zu fördern.

▬ **Anpassung an die Zielgruppe**
Auch dies sollte für alle Bildungsmaßnahmen gelten. Neben den üblichen Kriterien sollte man das Maß an Wettbewerbsorientierung oder Grundvertrauen in der Gruppe berücksichtigen. Wettbewerbsbasierte Mechaniken wie Ranglisten können für einige Lernende motivierend, für andere jedoch demotivierend sein.

▬ **Transparenz**
Damit sich die Teilnehmenden auf ein Spiel einlassen, müssen sie auch ein positives Gefühl gegenüber dem oder der Spielleitenden haben. Unklare Regeln oder undurchsichtige Belohnungssysteme können Reaktanz hervorrufen und die Akzeptanz mindern. Dementsprechend empfehle ich immer eine direkte und offene Kommunikation der eigenen Absichten und der Lernziele.

▬ **Ressourcen**
Spielen ist eine sehr effektive, aber nicht unbedingt effiziente Methode, daher sollte man ehrlich bezüglich des Aufwands solcher Maßnahmen sein. Wenn ich einen Kurs spielerisch gestalte, bin ich mir bewusst, dass ich aufgrund der fundierten, didaktischen Planung und der zusätzlichen Überlegungen mehr Zeit brauche als bei einer klassischen Präsentation. Dieser zusätzliche Ressourcenaufwand muss bei der Planung berücksichtigt werden.

🔲 **Abb. 5.5** „Wo finde ich mein Spiel?" (Eigene Darstellung, in Anlehnung an Kellian Adams Pletcher)

▶ **Wo finde ich mein Spiel?**

Kellian Pletcher von den Green Door Labs hat an einem Vortrag ein einfaches Modell geliefert, wie bzw. wo man sein Spiel findet. Dazu muss man drei Fragen beantworten:

1. Was sind meine Ziele? Darauf wurde schon bei den Erfolgsfaktoren hingewiesen.
2. Welche Ressourcen besitze ich? Dies kann Zeit, aber auch Know-how, Kenntnisse von Spielen usw. sein.
3. Welche Restriktionen gibt es? Diese Frage hilft, nur Wege einzuschlagen, die in dem Kontext sinnvoll sind.

In der Schnittmenge dieser drei Fragen findet man das eigene Spiel (siehe 🔲 Abb. 5.5). ◀

5.5   **Kritische Seite**

❯ Seelenlose Implementierung von Gamification führt zu negativen Effekten.

Trotz der vielfach nachgewiesenen positiven Effekte von Spielen und Gamification in der Bildung gibt es auch berechtigte Kritikpunkte. Ein zentrales Argument betrifft die oberflächliche Implementierung von Gamification-Elementen wie Badges, Punkte und Leaderboards, die oftmals als Selbstzweck eingesetzt werden, ohne einen echten Mehrwert für den Lernprozess zu schaffen. Dies führt dann zu wirklich schlechten Beispielen, bei denen bei den Benutzenden (hier verwende ich absichtlich nicht das Wort Spielende) der Druck auf eine unangenehme Art und Weise erhöht und dadurch das Lernerfolg beeinträchtig wird.

Zudem kann eine Überbetonung von Belohnungssystemen zu einer extrinsischen Motivation führen, wodurch das intrinsische Interesse am Lernstoff langfristig sinken kann (Deci et al., 1999). Deshalb empfiehlt es sich zu überlegen, ob auch eine Motivation über einen intrinsischen Motivator möglich wäre.

Ein weiterer Kritikpunkt betrifft die soziale Dynamik: Wettbewerbsorientierte Spielmechanismen können zu sozialem Druck und Stress führen, insbesondere wenn Ranglisten eingesetzt werden (Hanus & Fox, 2015). Dies kann besonders für weniger leistungsstarke Lernende demotivierend wirken. Diese Kritikpunkte verdeutlichen, dass der Einsatz von Spielen und Gamification in der Bildung sorgfältig geplant und kritisch reflektiert werden muss, um die Lernziele effektiv zu erreichen.

5

Fazit

Spiele und Gamification bieten ein breites Spektrum an Möglichkeiten, um Weiterbildungsprozesse motivierend und nachhaltig zu gestalten. Ihre Wirksamkeit basiert auf zentralen psychologischen Mechanismen, insbesondere den Grundbedürfnissen, wie sie in der SDT beschrieben sind. Durch die gezielte Einbindung spielerischer Elemente können Lerninhalte nicht nur effektiver vermittelt, sondern auch nachhaltiger verankert werden, da sie positiv emotional konnotiert sind.

Meine Praxisempfehlung an Personen, die Spiele und Gamification einsetzen wollen: „Just do it!" Oft muss man Dinge ausprobieren, verändern und anpassen, bis man das Passende gefunden hat. Aber die Energie und der Spaß im Klassenzimmer und die nachhaltige bessere Verankerung von Kernbotschaften sind diesen Auwand wert. Beim Schreiben dieses Artikels habe ich meine Tochter aus Neugier gefragt, warum sie gerne spielt. Sie fand die Frage seltsam und antwortete dann verwundert: „Weil es mir Spaß macht." Und darum gilt es bei aller Sinnhaftigkeit, den Spaß beim Einsatz von Spielen nicht zu vergessen!

Literatur

Alexiou, A., Schippers, M., & Oshri, I. (2012). Positive psychology and digital games: The role of emotions and psychological flow in serious games development. *Psychology, 03*(12), 1243–1247. https://doi.org/10.4236/psych.2012.312A184

Brown E., & Cairns P. (2004). A grounded investigation of game immersion. In CHI '04 Extended Abstracts on Human Factors in Computing Systems (CHI EA '04). Association for Computing Machinery, New York, NY, USA, 1297–1300. https://doi.org/10.1145/985921.986048

Deci, E. L., Koestner, R., & Ryan, R. M. (1999). A meta-analytic review of experiments examining the effects of extrinsic rewards on intrinsic motivation. *Psychological Bulletin, 125*(6), 627–668. https://doi.org/10.1037/0033-2909.125.6.627

Gee, J. P. (2007). *What video games have to teach us about learning and literacy*. Palgrave Macmillan.

Hanus, M. D., & Fox, J. (2015). Assessing the effects of gamification in the classroom: A longitudinal study on intrinsic motivation, social comparison, satisfaction, effort, and academic performance. *Computers & Education, 80*, 152–161. https://doi.org/10.1016/j.compedu.2014.08.019

Huang, B., Hew, K. F., & Lo, C. K. (2019). Investigating the effects of gamification-enhanced flipped learning on undergraduate students' behavioral and cognitive engagement. *Interactive Learning Environments, 27*(8), 1106–1126. https://doi.org/10.1080/10494820.2018.1495653

Huizinga, J. (2009). *Homo Ludens: vom Ursprung der Kultur im Spiel* (21. Aufl.). Rowohlt Taschenbuch Verlag.

Michael, D., & Chen, S. (2006). *Serious games: Games that educate, train, and inform.* Thomson Course Technology.

Przybylski, A. K., Rigby, C. S., & Ryan, R. M. (2010). A motivational model of video game engagement. *Review of General Psychology, 14*(2), 154–166. https://doi.org/10.1037/a0019440

Sailer, M., & Homner, L. (2020). The gamification of learning: A meta-analysis. *Educational Psychology Review, 32*(1), 77–112. https://doi.org/10.1007/s10648-019-09498-w

Salen, K., & Zimmerman, E. (2004). *Rules of play: Game design fundamentals.* MIT Press.

Werbach, K., & Hunter, D. (2012). *For the win: How game thinking can revolutionize your business.* Wharton Digital Press.

Wirkungscontrolling für berufliche Weiterbildungsangebote in Unternehmen

Peter Senn und Martin Gubler

Inhaltsverzeichnis

© Springer-Verlag GmbH Deutschland, ein Teil von Springer Nature 2025
U. Blum et al. (Hrsg.), *Weiterbildungsmanagement in der Praxis: Bildungsangebote entwickeln*,
https://doi.org/10.1007/978-3-662-71793-6_6

> **Lernziele**
>
> Nach dem Erarbeiten dieses Kapitels sind Sie in der Lage:
> - die Bedeutung von wirkungsvoller Weiterbildung zu antizipieren,
> - Wirkfaktoren von Lerntransfer im Lernfeld und im Funktionsfeld zu erkennen,
> - mittels praxisnaher Checklisten konkrete Schritte eines transferorientierten Lernprozesses anzuwenden.

6.1 Einleitung

Berufliche Weiterbildung ist für einen Wirtschaftsstandort von zentraler Bedeutung, denn gut qualifizierte Mitarbeitende stellen einen entscheidenden Faktor für die Innovationskraft und Wettbewerbsfähigkeit von Unternehmen dar (Gonon et al., 2005; Strahm, 2014). Unternehmen, die ihre Kompetenzen steigern und die eigene Wettbewerbsstärke verbessern wollen, benötigen deshalb qualitativ hochwertige Weiterbildung (Kraus & Schmid, 2013). Diese führt idealerweise zu neuen oder verbesserten Kompetenzen bei Mitarbeitenden und damit zu einer Effizienz- und Effektivitätssteigerung in ihrem jeweiligen Arbeitsalltag (Gessler, 2012). Außerdem führt das Erleben der eigenen Kompetenz bei den Mitarbeitenden typischerweise auch zu mehr Motivation (Herzberg et al., 1959; Ryan & Deci, 2000) und fördert dadurch die Arbeitszufriedenheit. Schließlich steigt durch motivierte, zufriedene und fachlich kompetente Mitarbeitende der Zielerreichungsgrad aus unternehmerischer Sicht, z. B. bezüglich des finanziellen Ergebnisses oder der Kundenzufriedenheit (Blume et al., 2010).

Die Relevanz beruflicher Weiterbildung ist in wirtschaftlich starken Ländern Westeuropas aus den eingangs erwähnten Gründen weitgehend erkannt. So unterstützen rund 73 % der Arbeitgeber in Deutschland, 83 % in der Schweiz und sogar 87 % in Österreich die berufliche Weiterbildung ihrer Mitarbeitenden (Bundesamt für Statistik [BFS], 2014). Neben den betriebswirtschaftlichen Aspekten ist berufliche Weiterbildung auch auf einer volkswirtschaftlichen Ebene von großer Wichtigkeit. Diese Bedeutung beruflicher Weiterbildung ist insbesondere auch in der Corona-Pandemie offenkundig geworden. Um einen längerfristigen Anstieg der Arbeitslosigkeit zu verhindern, empfiehlt die Organisation für wirtschaftliche Zusammenarbeit und Entwicklung (OECD) daher sowohl der Schweiz als auch Deutschland explizit, mehr in Weiterbildungsangebote zu investieren, speziell in von der Digitalisierung besonders betroffenen Bereichen (OECD, 2020).

Angesichts der hohen betriebs- und volkswirtschaftlichen Bedeutung beruflicher Weiterbildung erstaunt es, dass der wirkungsorientierten Gestaltung von Weiterbildungsmaßnahmen sowie der Messung von daraus resultierendem Lernerfolg in der betrieblichen Praxis verhältnismäßig wenig Beachtung geschenkt werden. So versuchen zwar viele Unternehmen, die Qualität von Weiterbildungen mit Feedback („happy sheets") oder Wissenstests direkt nach einer Weiterbildung zu sichern. Dabei wird jedoch nur die Weiterbildung an sich beurteilt. Eine Einschätzung der Passung der Weiterbildung zur betrieblichen Praxis und den dort gegebenen Rahmenbedingungen wird hingegen nur selten evaluiert. Lediglich 10 % der Firmen in Deutschland geben an, dass sie umfassendere Transfersicherung betreiben und z. B.

die Umsetzung in der betrieblichen Anwendung mit in die Evaluation einbeziehen (Käpplinger, 2009). Somit können nur die wenigsten Unternehmen Aussagen darüber machen, ob und in welchem Umfang ihre Weiterbildungsinvestitionen dazu führen, dass die vermittelten Inhalte tatsächlich in den Berufsalltag übertragen werden, und welchen Nutzen sie dort generieren.

In diesem Kapitel soll daher aufgezeigt werden, wie Unternehmen die Wirkung ihrer beruflichen Weiterbildungsangebote steuern können. Das heißt, es wird dargelegt, wie es Unternehmen gelingt, ihren gesamten Weiterbildungsplanungsprozess konsequent auf eine möglichst hohe Transferorientierung des Gelernten auszurichten. Dafür wird ein konkreter Vorschlag gemacht, wie der Weiterbildungsprozess von der Auftragsklärung bis hin zur Umsetzung des Gelernten in der Praxis lerntransferorientiert gestaltet werden kann. Die Beschreibung dieses lerntransferorientierten Prozesses sowie die vorgestellten Checklisten sind das Ergebnis eines von der Schweizerischen Kommission für Technologie und Innovation (KTI, heute: Innosuisse) geförderten Forschungsprojekts (Gubler & Eggmann, 2017).

6.2   Theoretischer Hintergrund

Zentral für die Wirkung einer betrieblichen Weiterbildung ist der Lerntransfer, das heißt, dass „erlerntes Verhalten auf den Berufskontext generalisiert und über eine bestimmte Zeit angewendet" wird (Baldwin & Ford, 1988, S. 63). Für die Erfassung von Lerntransfer gibt es zwei grundsätzlich unterschiedliche Arten wissenschaftlicher Modelle, die je gewisse Schwächen hinsichtlich einer ganzheitlichen Lerntransfermessung aufweisen. Ergebnisorientierte Modelle (z. B. Kirkpatrick, 1979) fokussieren vor allem auf den Output einer Weiterbildungsmaßnahme. Obwohl dieser Ansatz weit verbreitet ist, hält er neueren wissenschaftlichen Erkenntnissen nicht stand. Kritisiert wird vor allem, dass die Messung von Teilnehmerzufriedenheit nichts über den tatsächlichen Lernerfolg, geschweige denn über den Transfer in die betriebliche Praxis aussagt (Bates, 2004). Ergebnisorientierte Modelle haben zudem die Schwäche, dass sie keine Aussagen über den Prozess des Lernens machen, und es lässt sich daraus kein Optimierungspotenzial ableiten (Gessler, 2012).

Genau diese Frage steht hingegen im Fokus von prozessorientierten Modellen (z. B. Kauffeld et al., 2008), die sich mit den Prozessen rund um Weiterbildungen beschäftigen. Allerdings berücksichtigen sie nicht deren Erfolgskontrolle und lassen damit für die betriebliche Praxis ganz zentrale Faktoren unberücksichtigt. Zum Beispiel ergeben sich mit solchen Modellen keine Hinweise über den tatsächlichen Transfererfolg. Somit ist es auch nur bedingt möglich zu klären, aufgrund welcher Faktoren der Transfererfolg einer Weiterbildung optimiert werden könnte (Gessler, 2012; Sandmeier et al., 2021).

Dazu kommt, dass die Diskussionen um die Wirkung betrieblicher Weiterbildung in der Wissenschaft und der Praxis weitgehend voneinander abgekoppelt stattfinden, denn die wissenschaftlichen Erkenntnisse sind oft zu unübersichtlich, um praktische Relevanz zu entfalten (Grossman & Salas, 2011). Daher schlug Gessler (2012) ein neues Modell zum Lerntransfer beruflicher Weiterbildungen vor, das auf wissenschaftlichen Erkenntnissen aufbaut, jedoch auch die Bedürfnisse der Praxis beachtet (z. B. eine ressourceneffiziente Erhebung von transferrelevanten Faktoren). In Gess-

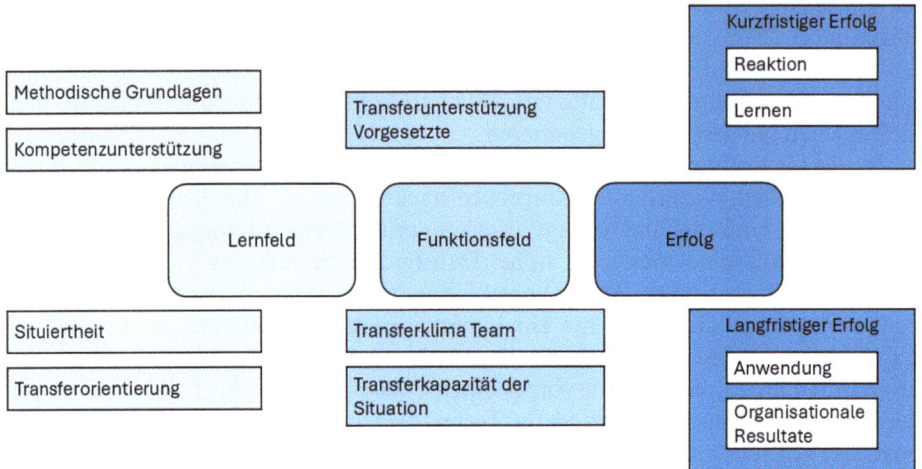

⬛ Abb. 6.1 Faktoren des Lernfelds und des Funktionsfelds. (Eigene Darstellung, in Anlehnung an Sandmeier et al., 2018, S. 45)

lers Modell werden primär Faktoren berücksichtigt, die von den Unternehmen kontrolliert und beeinflusst werden können, d. h. Faktoren der Gestaltung der Weiterbildung („Lernfeld") und des Arbeitsumfelds, in dem das Gelernte angewendet werden soll („Funktionsfeld").

Sandmeier et al. (2018) erforschten basierend auf Gesslers Modell, wie einzelne Faktoren im Lern- und Funktionsfeld mit kurz- und langfristigem Weiterbildungserfolg im betrieblichen Kontext zusammenhängen (siehe ⬛ Abb. 6.1).

Im *Lernfeld* untersuchten Sandmeier et al. (2018),
- welchen Einfluss die methodische Gestaltung einer Weiterbildung hat,
- welche Kompetenzunterstützung sie bietet (z. B. wie viel eigene Kompetenzerfahrungen sie den Teilnehmenden ermöglicht),
- wie groß die Situiertheit der Weiterbildung ist (d. h., wie stark sie an die Erfahrungen der Teilnehmenden angeknüpft und diese explizit einbezogen werden) und
- wie hoch die Transferorientierung der Weiterbildung ist (d. h., wie sehr bereits während der Weiterbildungsmaßnahme Anwendungssituationen thematisiert werden).

Im *Funktionsfeld* lag der Fokus auf der Untersuchung der Effekte
- der Unterstützung durch die Vorgesetzten bei der Umsetzung des Gelernten,
- des Transferklimas im Team (d. h. der Bereitschaft des Teams, neu Gelerntes zuzulassen) sowie
- der sogenannten Transferkapazität der Situation (d. h. der Gelegenheit von Mitarbeitenden, neu Gelerntes auch tatsächlich im Arbeitskontext anzuwenden).

In ihrer Studie konnten Sandmeier et al. (2018) zeigen, dass *kurzfristiger* Erfolg einer Weiterbildung (z. B. positive Reaktionen, Lernerlebnisse) insbesondere von der Gestaltung des Lernfelds, also der eigentlichen Weiterbildung abhängt. *Langfristiger* Erfolg hingegen ist primär abhängig von der Gestaltung des Funktionsfelds. Das bedeutet, dass die eigentliche Anwendung des Gelernten sowie messbare Resultate vor allem vom konkreten betrieblichen Umfeld der Weiterbildungsteilnehmenden beeinflusst werden.

Dies hat Implikationen für Unternehmen, denn insbesondere im Funktionsfeld steckt ein großes ungenutztes, direkt beeinflussbares Potenzial zur Förderung des Lerntransfers. Zentral sind daher klar definierte und konsequent lerntransferorientiert gestaltete firmeninterne Weiterbildungsprozesse. Zum Beispiel äußern sich Personen, die für eine Weiterbildung nominiert wurden, positiver über die Unterstützung durch Vorgesetzte und Team, und sie stufen den eigentlichen Praxisnutzen des Gelernten deutlich höher ein als Personen, die Weiterbildungen ohne Nominationsprozess besuchen (Gubler & Eggmann, 2017). Zudem kann die Unterstützung von Mitarbeitenden durch die Vorgesetzten bei der Umsetzung von Lerninhalten in den Arbeitsalltag verbessert und dadurch der Lerntransfer markant gesteigert werden (Sandmeier et al., 2018).

Werden solche Aspekte bereits bei der Planung und Konzeption berücksichtigt, lassen sich der Lerntransfer und damit der Nutzen von betrieblichen Weiterbildungen insgesamt erhöhen. Im nächsten Abschnitt wird ein lerntransferorientierter Weiterbildungsprozess in Unternehmen inklusive Checklisten zur Prozessgestaltung und -evaluation vorgestellt.

6.3 Lerntransferorientierter Weiterbildungsprozess in Unternehmen

Auf Basis der oben vorgestellten Forschungsergebnisse wurde ein Prozess erarbeitet, wie Weiterbildung in Unternehmen lerntransferorientiert geplant/initiiert, durchgeführt und ausgewertet werden kann (siehe ◻ Abb. 6.2). Dieser lerntransferorientierte

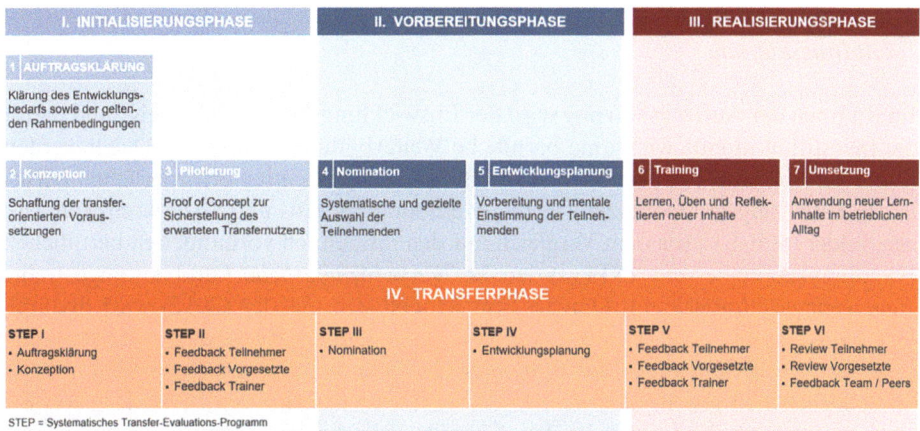

◻ **Abb. 6.2** Lerntransferorientierter Weiterbildungsprozess in Unternehmen. (Eigene Darstellung)

Prozess startet bei der Auftragsklärung und der entsprechenden Konzeption der Weiterbildungsmaßnahme selbst und endet nach der Durchführung der Weiterbildung (Training) mit der Rückkehr der Weiterbildungsteilnehmenden in ihren Arbeitsalltag.

Der Prozess besteht aus vier Phasen, sieben Schritten und dem Systematischen Transfer-Evaluations-Programm (STEP).

Damit ein berufliches Weiterbildungsangebot („Training") mit möglichst hoher Wahrscheinlichkeit die angestrebte Wirkung erzielen kann, ist jeder einzelne dieser sieben Prozessschritte lerntransferorientiert zu gestalten. Die Evaluation dieser lerntransferorientierten Gestaltung erfolgt für jeden Schritt durch das STEP.

In Zusammenarbeit mit den Praxispartnern des KTI-Forschungsprojekts (CSS Versicherung, Die Post, Credit Suisse und KV Schweiz) wurden die nachfolgend beschriebenen Checklisten erarbeitet, um den jeweiligen Prozessschritt (z. B. Auftragsklärung) im Vorfeld zu planen und dabei kein für den Lerntransfer relevantes Thema zu vergessen. Die Checklisten können auch im Anschluss an ein Training genutzt werden, um mögliche Schwachstellen im Prozess aufzuzeigen und Ansatzpunkte für Optimierungen bei der Entwicklung weiterer lerntransferorientierter Weiterbildungsangebote zu erkennen.

Die Arbeit mit den Checklisten stellt gleichzeitig eine zentrale Datenbasis für die Evaluation eines lerntransferorientierten Lernprozesses dar. Die Checklisten sind daher integraler Bestandteil des STEP. Weitere Grundlagen für diese Transferevaluation bilden

– das Feedback der Teilnehmenden, der Vorgesetzten und der Trainerinnen/Trainer zum Pilotdurchgang (STEP II),
– die Rückmeldungen der Teilnehmenden, der Vorgesetzten und der Trainerinnen/ Trainer zum Training während und kurz nach dem Training (STEP V) sowie
– das Feedback der Teilnehmenden, der Vorgesetzten und des Teams/der Peers eine gewisse Zeit nach dem Training zur Umsetzung des Gelernten (STEP VI: Review).

Nachfolgend werden die einzelnen Schritte des lerntransferorientierten Weiterbildungsprozesses beschrieben und die entsprechenden Checklisten vorgestellt. Die Vorstellung erfolgt nur auf einer übergeordneten Ebene von Checkpunkt-Themen. Die detaillierten Checkpunkte pro Thema sind in den vollständigen Checklisten bei den Autoren erhältlich.

1. *Auftragsklärung*

Im Rahmen der Auftragsklärung wird der Entwicklungsbedarf aufgezeigt und damit die Investition in eine wirksame berufliche Weiterbildung legitimiert. Dabei werden Strategien und Ziele analysiert und die für die Zielerreichung erforderlichen beruflichen Handlungskompetenzen (Fach-, Methoden-, Selbst- und Sozialkompetenzen) abgebildet (SOLL). Aus dem Vergleich mit den tatsächlich vorhandenen beruflichen Handlungskompetenzen (IST) werden der *Weiterbildungsbedarf* und das angestrebte *Kompetenzprofil* abgeleitet. Gemäß dem Modell von Gessler (2012) wird dadurch *Situiertheit* ermöglicht (Erfolgsfaktor des Lernfelds, siehe oben): Weiterbildung knüpft an den Erfahrungen der Teilnehmenden an und bezieht diese explizit mit ein. Diese Situiertheit gilt als eine wesentliche Voraussetzung für den Lernerfolg von Erwachsenen, denn ihr Lernen baut auf bereits erworbenen Handlungskompetenzen auf und ist ohne Bezug dazu nicht erfolgreich.

Ausgehend vom ermittelten Weiterbildungsbedarf wird in diesem Schritt auch beschrieben,

— welche Transferziele durch das Training erreicht werden sollen,
— welche Zielgruppe am Training teilnehmen soll und
— welche äußeren Bedingungen (z. B. Einsatz von Zeit und finanziellen Mitteln) das Training beeinflussen resp. einzuhalten sind.

Am Ende steht ein konkreter Auftrag, der an eine Trainerin/einen Trainer, eine Weiterbildungskoordinatorin/einen Weiterbildungskoordinator oder externe Weiterbildungsanbietende weitergegeben wird.

Checkliste Auftragsklärung
— Zur Entwicklung des Trainings wurde ein Team aus Stakeholdern zusammengestellt.
— Die spezifische Lernkultur des Unternehmens wurde beschrieben.
— Es wurde beschrieben, wie der Lerntransfer im Unternehmen gesichert werden soll.
— Es wurde eine Bedarfsanalyse durchgeführt.
— Es wurden Kompetenzen formuliert, die durch das Training aufgebaut werden sollen.
— Die Zielgruppe für das Training wurde analysiert.
— Das zu entwickelnde Kompetenzprofil wurde spezifiziert.
— Äußere Bedingungen des Trainings sind beschrieben worden.
— Der Nutzen des Trainings wurde beschrieben.

2. *Konzeption*

Im zweiten Schritt, der Konzeption der Weiterbildungsmaßnahme, werden ausgehend vom Auftrag konkrete Transferziele als Lernziele formuliert sowie das Programm und der Ablauf des Trainings transferorientiert ausgearbeitet (methodische Gestaltung des Trainingskonzepts). Diese *methodische Gestaltung* stellt gemäß Gessler (2012) sicher, dass sich die Lernumgebung und ihre Gestaltung wesentlich an den jeweiligen Lernenden orientieren (Erfolgsfaktor des Lernfelds, siehe oben). Der Grad der Abwechslung, die Möglichkeiten des Austauschs unter den Teilnehmenden, der sinnvolle Einsatz von Medien und die verständliche Anleitung durch die Trainerinnen/Trainer sind dabei wesentliche Faktoren.

Zudem werden weitere Konzepte geplant, die jeweils konkrete transferorientierte Handlungsanweisungen für die nachfolgenden Schritte des transferorientierten Weiterbildungsprozesses umfassen (siehe Checkliste Konzeption).

Checkliste Konzeption
— Es wurden Transferziele als Lernziele für das Training formuliert.
— Es wurde ein Trainer/eine Trainerin ausgewählt.
— Es wurde ein Trainingskonzept erstellt.
— Es wurde ein didaktisches Design erstellt.
— Es wurde ein Transferkonzept erstellt.

- Es wurde ein Evaluationskonzept erstellt.
- Es wurde ein Nominationskonzept erstellt.
- Es wurde ein Informations- und Kommunikationskonzept erstellt.

3. *Pilotierung*

In Abhängigkeit vom Investitionsrisiko und der strategischen Relevanz wird das Training bei Bedarf mit einer repräsentativen Zielgruppe pilotiert. Es wird eine umfassende formelle sowie informelle Evaluation im Hinblick auf den Transfererfolg durchgeführt. Dabei werden die Eignung und Umsetzbarkeit des Konzepts durch verschiedene Stakeholder (z. B. Auftraggeber, Trainerin/Trainer, Teilnehmende) überprüft. Stärken und Optimierungsbedarf werden identifiziert, um die Weiterbildung zu optimieren. Am Ende stehen überarbeitete Nominations-, Entwicklungs-, Trainings- und Umsetzungskonzepte.

Checkliste Pilotierung
- Der Bedarf nach einer Pilotierung wurde geklärt.
- Es wurde eine angemessene Pilotierungsgruppe gewählt.
- Die Pilotierung wurde durchgeführt.
- Die Pilotierung wurde anhand des Evaluationskonzepts (Konzeption, Punkt 6) evaluiert.
- Stärken und Optimierungsfelder wurden identifiziert.
- Optimierungsfelder wurden bearbeitet.

4. *Nomination*

Nun wird das Nominationskonzept umgesetzt, d. h., es werden die konkreten Personen bestimmt, die am Training teilnehmen. Dies geschieht z. B. in Gesprächen mit Vorgesetzten und potenziellen Teilnehmenden oder in Nominationsgremien.

Checkliste Nomination
- Es wurde ein Nominationsboard aus den relevanten Stakeholdern zusammengestellt.
- Es wurden eignungsdiagnostische Verfahren durchgeführt.
- Es wurden Nominationsgespräche mit potenziellen Teilnehmenden geführt.
- Es wurden Erwartungs- und Perspektivengespräche mit Teilnehmenden und Vorgesetzten geführt.

5. *Entwicklungsplanung*

Im Rahmen der Entwicklungsplanung werden mit den in der Nominationsphase ausgewählten Teilnehmenden individuelle Entwicklungsbedarfsanalysen zu diesem Training durchgeführt. Daraus entwickeln die Teilnehmenden – unterstützt durch die

Trainerinnen/Trainer und im Dialog mit den Vorgesetzten – konkrete Trainings- und Entwicklungsvereinbarungen. In diesen Vereinbarungen sind Lern- und Transferziele definiert, die durch dieses Training realistisch zu erreichen sind. Damit klärt der persönliche Entwicklungsplan, was im Training gelernt werden soll (Lernziele: z. B. fachliches Wissen, spezielle Methodenkompetenzen oder bestimmte Verhaltensweisen) und welche Wirkung/welcher Nutzen das Gelernte im Berufsalltag generieren soll (Transferziele: z. B. weniger Fehler, höhere Effizienz oder gesteigerter Verkaufserfolg).

Checkliste Entwicklungsplanung
- Mit den Teilnehmenden wurde eine Potenzialanalyse im Hinblick auf die im Training angestrebten Kompetenzen durchgeführt, um die Ausgangslage zu ermitteln.
- Es hat eine Perspektivenplanung mit den Teilnehmenden und den Vorgesetzten stattgefunden.
- Zwischen Teilnehmenden und Vorgesetzten wurden Entwicklungsvereinbarungen in einem persönlichen Entwicklungsplan festgehalten.
- Die Teilnehmenden wurden auf das Training vorbereitet.
- Eine Lernprozessbegleitung wurde installiert.

6. *Training*

Unter Berücksichtigung der individuellen Lern- und Transferziele der Teilnehmenden wird nun das Training transferorientiert umgesetzt. Dieses soll aktivierend gestaltet werden, kooperatives und selbstgesteuertes Lernen ermöglichen, authentisches Lernmaterial bereitstellen und Übungsmöglichkeiten bieten. Außerdem werden die Teilnehmenden zum Lerntransfer bzw. zur Reflexion angeregt und erhalten Feedback, um ihren Lernerfolg zu sichern. In diesem Schritt bietet sich der Einsatz des im Projekt entwickelten kurzen, standardisierten Fragebogens an (siehe Sandmeier et al., 2021). Insbesondere die Items zum Lernfeld geben Hinweise darauf, wie relevante Faktoren des Trainings eingeschätzt werden.

Eine derartige Umsetzung des Trainings ermöglicht gemäß Gessler (2012) *Kompetenzunterstützung* und *Transferorientierung* (zwei Erfolgsfaktoren des Lernfelds, siehe oben): Ein Lernfeld bietet dann Kompetenzunterstützung, wenn Leistung anerkannt und Feedback zum Fortschritt gegeben wird (z. B. individuelle Coaching-Maßnahmen). Um Transferorientierung sicherzustellen, ist außerdem schon während der Weiterbildung die Anwendungssituation zu thematisieren, z. B. durch Leistungsnachweise, bei denen gelernte Methoden und Instrumente im Funktionsfeld angewandt und die entsprechenden Erfahrungen im Rahmen von Lern- und Transferreflexionen verschriftlicht werden. Dabei hat sich die Zusammenarbeit der Teilnehmenden mit einem Transfercoach aus dem eigenen Betrieb bewährt: Dieser Transfercoach (z. B. Vorgesetzte oder Arbeitskollegin/Arbeitskollege der Weiterbildungsteilnehmenden) unterstützt die Teilnehmenden beim Umsetzen (Anwenden, Ausprobieren, Experimentieren) der neu gelernten Methoden und Instrumente im Arbeitsalltag – beispielsweise im Rahmen geplanter Transferdialoge. Die Erkenntnisse aus diesen Transferdialogen bilden erfahrungsgemäß wertvolle Grundlagen für schriftliche Transferreflexionen.

Checkliste Training
- Das Training war praxisorientiert.
- Das Training war teilnehmerorientiert.
- Die Eigenverantwortung der Teilnehmenden in Bezug auf ihre eigene Entwicklung wurde eingefordert und über Maßnahmen unterstützt, die das selbstregulierte Lernen fördern.
- Kooperatives Lernen wurde unterstützt.
- Die Vorgesetzten wurden auf ihre Rolle als Transfercoach vorbereitet.
- Das Training wurde evaluiert.

7. *Umsetzung*

Im letzten Schritt des lerntransferorientierten Weiterbildungsprozesses werden die Trainingsteilnehmenden bei der Anwendung und beim Ausprobieren des Gelernten – also beim Transfer des Gelernten in ihren Arbeitsalltag – von Teamkolleginnen und -kollegen sowie ihren Vorgesetzten entsprechend dem Umsetzungskonzept unterstützt. Falls schon während des Trainings ein Transfercoach zur Verfügung stand (siehe oben), spielt dieser auch im Umsetzungsschritt nach dem Training eine wichtige Rolle. Dazu gehören in jedem Fall Reflexionsgespräche zwischen Teilnehmenden und ihren Vorgesetzten. Auf diese Weise kann der Transfererfolg gesichert und der persönliche Entwicklungsplan der Teilnehmenden datenbasiert aktualisiert werden (besondere Stärken und neu erkannte Entwicklungsfelder können festgehalten werden).

Die *Transferunterstützung durch Vorgesetzte* und das *Transferklima im Team* bilden gemäß Gessler (2012) Erfolgsfaktoren des Funktionsfelds (siehe oben): Damit neu Gelerntes in den Arbeitsalltag integriert werden kann, sind die Vorgesetzten gefordert, Neuem gegenüber offen zu sein und eine Fehlerkultur vorzuleben. Fehlt eine derartige Vorbildfunktion vonseiten der Vorgesetzten, werden die Mitarbeitenden es nur zögerlich oder nicht wagen, Neues einzubringen. Die wahrgenommene Unterstützung durch den Vorgesetzten korreliert mit einer höheren Transferleistung der ehemaligen Weiterbildungsteilnehmenden (Blume et al., 2010).

Und auch das Transferklima im Team hat einen Einfluss darauf, wie frei sich Mitarbeitende fühlen, Neues einzubringen. Zwischen dem Transferklima und dem Lerntransfer besteht ein wesentlicher Zusammenhang (Colquitt et al., 2000). Ein Transferklima, das als Erfolgsfaktor des Funktionsfelds wirkt, zeichnet sich zum Beispiel dadurch aus, dass Kolleginnen und Kollegen an einem neu eingebrachten Prozess Interesse zeigen und diesen Prozess ebenfalls ausprobieren wollen.

Bei diesem Schritt bietet sich nochmals der Einsatz des Fragebogens von Sandmeier et al. (2021) an. Insbesondere die Items zum Funktionsfeld sowie zum wahrgenommenen Erfolg zeigen auf, inwieweit Mitarbeitende mit zeitlichem Abstand wahrnehmen, dass ihnen der Transfer in die betriebliche Praxis gelingt.

Checkliste Umsetzung

- Nach dem Training hat der/die Vorgesetzte mit der/dem Teilnehmenden einen Transferplan zur Umsetzung des Gelernten im Berufsalltag erstellt.
- Nach dem Training hat ein Transfergespräch von Human Resources (HR) mit dem/der Vorgesetzten stattgefunden.
- Kurz nach dem Training hat ein Transfergespräch von HR mit dem Trainer/der Trainerin stattgefunden.
- Der/die Teilnehmende hat das Gelernte umgesetzt und/oder geübt.
- Es hat ein Transfercoaching stattgefunden.

> **Wirkungscontrolling in der Weiterbildung ist für Unternehmen sinnvoll und möglich.**

Fazit

Unternehmen, die ihre Kompetenzen steigern und die eigene Wettbewerbsstärke verbessern wollen, definieren Weiterbildung als *strategischen Erfolgsfaktor* und tätigen entsprechende Weiterbildungsinvestitionen. Ein Wirkungscontrolling im Sinne der Steuerung der Weiterbildungswirkung ist vor diesem Hintergrund sinnvoll. In diesem Kapitel wurde auf Basis der Erfolgsfaktoren des Lern- und Funktionsfelds aufgezeigt, wie Unternehmen ihre beruflichen Weiterbildungsangebote wirkungsorientiert steuern können. Sie richten dafür ihren *gesamten* Weiterbildungsprozess – von der Auftragsklärung über die Konzeption und die Pilotierung bis zum konkreten Training und der Umsetzung – konsequent auf eine möglichst hohe *Transferorientierung* des Gelernten aus. Dazu bieten die Hilfsmittel (Checklisten und Feedbackbögen) des STEP wertvolle Unterstützung. Der Aufwand lohnt sich – denn so gelingt es, dank Wirkungscontrolling die Lerntransfers zu sichern und die Weiterbildungsinvestitionen zu legitimieren.

Literatur

Baldwin, T. T., & Ford, J. K. (1988). Transfer of training: A review and directions for future research. *Personnel Psychology, 41*(1), 63–105.

Bates, R. (2004). A critical analysis of evaluation practice: The Kirkpatrick model and the principle of beneficence. *Evaluation and Program Planning, 27*(3), 341–347. https://doi.org/10.1016/j.evalprogplan.2004.04.011

Blume, B. D., Ford, J. K., Baldwin, T. T., & Huang, J. L. (2010). Transfer of training: A meta-analytic review. *Journal of Management, 36*(4), 1065–1105. https://doi.org/10.1177/0149206309352880

Bundesamt für Statistik. (2014). *Berufliche Weiterbildung in Unternehmen der Schweiz – Ergebnisse der Erhebung zur beruflichen Weiterbildung in Unternehmen (SBW) 2011*. Eidgenössisches Departement des Innern EDI.

Colquitt, J. A., LePine, J. A., & Noe, R. A. (2000). Toward an integrative theory of training motivation: A meta-analytic path analysis of 20 years of research. *Journal of Applied Psychology, 85*(5), 678–707. https://doi.org/10.1037/0021-9010.g5.5.678

Gessler, M. (2012). Lerntransfer in der beruflichen Weiterbildung – empirische Prüfung eines integrierten Rahmenmodells mittels Strukturgleichungsmodellierung. *Zeitschrift für Berufs- und Wirtschaftspädagogik, 108*(3), 364–393.

Gonon, P., Hotz, H.-P., Weil, M., & Schläfli, A. (2005). *KMU und die Rolle der Weiterbildung: Eine empirische Studie zu Kooperationen und Strategien in der Schweiz*. hep.

Grossman, R., & Salas, E. (2011). The transfer of training: What really matters. *International Journal of Training and Development, 15*(2), 103–120. https://doi.org/10.1111/j.1468-2419.2011.00373.x

Gubler, M., & Eggmann, N. (2017). Was bringt die Lernerei? – Messung von Lerntransfer als Teil eines effektiven Wirkungscontrollings. *HRtoday, 3*, 22–23. www.hrtoday.ch/de/article/was-bringt-die-lernerei. Zugegriffen am 28.09.2022.

Herzberg, F., Mausner, B., & Snyderman, B. B. (1959). *The motivation to work* (2. Aufl.). John Wiley & Sons.

Käpplinger, B. (2009). *Bildungscontrolling: Vor allem in Großbetrieben ein Thema – BIBB-Umfragen von 1997 und 2008 im Vergleich.* Bundesinstitut für Berufsbildung (BIBB).

Kauffeld, S., Bates, R., Holton, E. F., III, & Müller, A. C. (2008). Das deutsche Lerntransfer-System-Inventar (GLTSI): Psychometrische Überprüfung der deutschsprachigen Version. *Zeitschrift für Personalpsychologie, 7*(2), 50–69. https://doi.org/10.1026/1617-6391.7.2.50

Kirkpatrick, D. L. (1979). Techniques for evaluating training programs. *Training and Development Journal, June*, 178–192.

Kraus, K., & Schmid, M. (2013). *Qualifizierung für Veränderung – Regionalstudie zur Kompetenzentwicklung in kleinen und mittelgrossen Unternehmen.* Fachhochschule Nordwestschweiz (FHNW).

OECD. (2020). *OECD-Wirtschaftsausblick, Ausgabe 2020/1.* OECD Publishing.

Ryan, R. M., & Deci, E. L. (2000). Self-determination theory and the facilitation of intrinsic motivation, social development, and well-being. *American Psychologist, 55*(1), 68–78. https://doi.org/10.1037/0003-066x.55.1.68

Sandmeier, A., Hanke, U., & Gubler, M. (2018). Die Bedeutung der Gestaltung des Lernfelds und des Funktionsfelds für den subjektiven Erfolg betrieblicher Weiterbildung. *Zeitschrift für Weiterbildungsforschung, 41*(1), 41–55. https://doi.org/10.1007/s40955-018-0105-9

Sandmeier, A., Hanke, U., & Gubler, M. (2021). Entwicklung und Validierung eines praxistauglichen Evaluationsinstruments zur Messung und Optimierung von Lerntransfer. *Zeitschrift für Evaluation, 20*(1), 11–36. https://doi.org/10.31244/zfe.2021.01.02

Strahm, R. H. (2014). *Die Akademisierungsfalle – Warum nicht alle an die Uni müssen.* hep-Verlag.

6

Serviceteil

Stichwortverzeichnis